자기계발코칭전문가
6단계 시스템

1단계
방탄자존감

2단계
방탄멘탈

3단계
방탄습관

4단계
방탄행복

5단계
방탄자기계발

6단계
방탄코칭

1

자기계발코칭전문가 6
(방탄코칭)

1명의 명품 인재가 10만 명을 먹여 살리고
4차 산업 시대에는 명품 인재인
방탄자기계발 전문가 1명이
10만 명의 인생을 변화 시킨다!

방탄자기계발 신조

들으려 하지 말고 듣게 하자.
누구처럼 살지 말고 나답게 살자.
좋아하게 하지 말고 좋아지게 하자.
마음을 얻으려 하지 말고 마음을 읽게 하자.
믿으라 말하지 말고 믿을 수 있는 사람이 되자.
좋은 사람을 기다리지 말고 좋은 사람이 되어주자.
보이주는(인기) 인생을 사는 것이 아닌 보여지는(인정)
인생을 살아가자.
나 이런 사람이야 말하지 않아도 이런 사람이구나.
몸, 머리, 마음으로 느끼게 하자.
 - 최보규 방탄자기개발 창시자 -

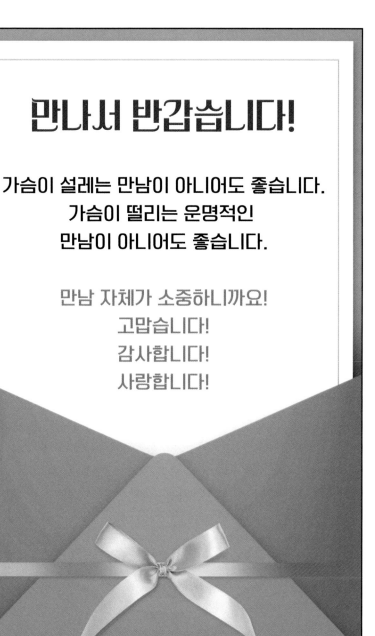

만나서 반갑습니다!

가슴이 설레는 만남이 아니어도 좋습니다.
가슴이 떨리는 운명적인
만남이 아니어도 좋습니다.

만남 자체가 소중하니까요!
고맙습니다!
감사합니다!
사랑합니다!

가슴이 설레는
만남이 아니어도 좋습니다.

가슴이 떨리는
운명적인 만남이 아니어도 좋습니다.

만남 자체가 소중하니까요.

직접 만나는 것도 만남이고
책을 통해서 만나는 것도 만남입니다.

최보규 방탄자기계발 전문가의 만남으로
"당신은 제가 좋은 사람이 되고 싶도록 만들어요."
라는 인생을 살 것입니다.

좋은 일이 생길 겁니다.

방탄자기계발 소개

방탄자기계발은 노오력 자기계발이 아닌 올바른 노력 자기계발을 하는 것입니다.

20,000명 상담, 코칭! 자기계발서 12권 출간! 자기계발 습관 204가지 만들고 직접 자기계발을 하면서 알게 된 자기계발의 비밀!

지금 대부분 사람들의 자기계발 환경이 어떤지 아십니까?

하루에도 자기계발, 동기부여 연관된 영상, 글, 책, 사진 들 수도 없이 엄청나게 많이 보는데 10년 전보다 스마트폰 없는 시대보다 1,000배는 더 좋은 환경인데도 스마트폰 시대 10년 전보다 더 자기계발, 동기부여를 더 못하는 현실입니다.

10년 전 스마트폰 없던 시대보다 자기계발을 더 못하는 이유가 뭘까요?

단언컨대 자기계발 본질을 모르고 하기 때문입니다.

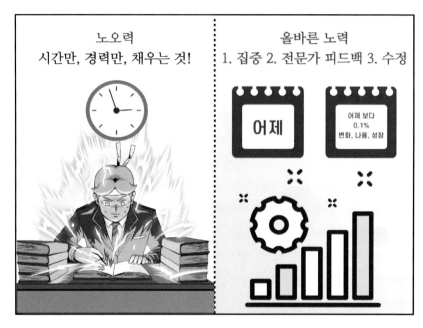

어떤 것이든 본질을 알아야만 노오력이 아니라 올바른 노력을 할 수 있습니다.

노력은 경험만 채우고 시간만 때우는 노력입니다.
지금 시대는 노력이 배신하는 시대입니다.

올바른 노력은 어제보다 0.1% 다르게, 변화, 마음, 성장 하는 것입니다.

인생의 모든 본질은 정답이 없지만 기본을 지키지 않으면 결과가 나오지 않습니다.

운동의 본질은 헬스, 운동의 기본기를 배우지 않는 사람이 좋은 헬스장으로 옮긴다고 헬스, 운동 습관이 만들어지는 것이 아닙니다.

직장의 본질은 월급 날짜만 기다리는 사람이 직장을 바꾼다고 일에 대한 의욕이 생기지 않습니다.

사랑의 본질은 평상시에 사랑 받을 행동을 안 하는 사

람은 사랑하는 사람이 생겨도 사랑 받을 수가 없습니다.

인간관계의 본질은 내가 좋은 사람이 되기 위해 학습, 연습, 훈련을 안 하는 사람은 좋은 사람이 생겨도 금방 떠나갑니다.

자기계발의 본질인 방탄자존감, 방탄멘탈, 방탄행복, 방탄습관, 방탄자기계발 모르는 사람은 자기계발 책 200권 자기계발과 연관된 영상, 글, 책, 사진 등 1,000개를 보더라도 자기계발을 시작을 못합니다.

방탄자기계발 본질 학습, 연습, 훈련을 통해 나다운 인생을 살 수 있게 방향을 잡아주고 자신 분야 삼성(진정성, 신뢰성, 심미성)을 높여 줄 것입니다. 더 나아가 자신 분야 제2의 수입, 제3의 수입을 올릴 수 있는 인생고리를 만들어 줄 것입니다.

기회를 기다리는 자기계발
기회를 만들어 가는 방탄자기계발
때를 기다리는 자기계발
때를 만들어 가는 방탄자기계발
- 최보규 방탄자기계발 전문가 -

목차

6장 방탄코칭

명품자기계발 조건

명품 자기계발의 조건!

1. 단 하나 (only one)
   방탄자기계발 코칭은 오직 최보규 창시자만 가능하다.

2. 책임감 (150년 a/s, 관리, 피드백)

3. 체계적인 1:1 맞춤 시스템 (9단계 시스템)

4. 20,000명 상담, 코칭 (상담 전문가)

5. 삼성이 검증된 전문가(진정성, 전문성, 신뢰성)
   자기계발 책 12권 출간

| Go gle 자기계발아마존 | ▶YouTube 방탄자기계발 | NAVER 방탄자기계발사관학교 | NAVER | 최보규 |

20,000명 상담, 코칭으로 알게 된
나다운 인생길 네비게이션!

예측
운전

자신

방어
운전

방탄
자존감

방탄
멘탈

방탄
습관

방탄
행복

자신 분야를 자동차 4개의 바퀴로 비유하자면 방탄자존감, 방탄멘탈, 방탄습관, 방탄행복이고 핸들은 (이루고 싶은 것) 방탄자기계발이다! 방탄자존감, 방탄멘탈, 방탄습관, 방탄행복을 통해 자신 분야 삼성(진정성, 전문성, 신뢰성)을 올려서 제2수입, 제3수입, 월세, 연금성 수입을 발생 시켜 온라인 건물주로 만들어 주는 것이 방탄자기계발이다.

방탄
자기계발

4차 산업 시대는 방탄자기계발이다!

16

꽃, 열매는(자신, 자신 분야) 화려하고 보기 좋았는데 뿌리가(자신, 자신 분야) 썩어 죽어가고 있다?

가장 중요한 뿌리(방탄자존감, 방탄멘탈, 방탄습관, 방탄행복)를 학습, 연습, 훈련을 하지 않으면 자신, 자신 분야 삼성(진정성, 전문성, 신뢰성)을 올려 제2수입, 3수입을 만들어 주는 방탄자기계발이라는 꽃, 열매는 얻을 수 없다!

방탄 자기계발

삼성이 검증된 방탄자기계발전문가

자신 분야
삼성(진정성, 전문성, 신뢰성)
제2, 3수입을 올려 온라인 건물주 되자!

80%는 **교육으로 만들어진다?** 300% **틀렸습니다!**

세계 최초! 방탄자기계발
효율적인 교육 시스템!

교육

= **20%**

1단계

스스로
학습, 연습, 훈련

= **30%**

2단계

검증된 전문가
a/s,관리,피드백

= **50%**

150년
a/s,관리,피드백

3단계

20,000명 상담, 코칭을 하면서 알게 된 2:3:5공식!

교육 = **20%** 1단계

스스로 학습, 연습, 훈련 = **30%** 2단계

검증된 전문가 a/s,관리,피드백 = **50%** 3단계
feedback
150년 a/s,관리,피드백

평균적으로 학습자들은 교육만 받으면 80% 효과를 보고 동기부여가 되어 행동으로 나올 것이라고 착각을 합니다.

그러다 보니 교육을 받는 동안 생각만큼, 돈을 지불한 만큼 자신의 기준에 미치지 못하면 효과를 보지 못한 거라고 지레짐작으로 스스로가 한계를 만들어 버립니다. 그래서 행동으로 옮기지 못하는 것이 상황과 교육자가 아닌 자기 자신이라는 것을 모릅니다.

20,000명 상담. 코칭, 자기계발서 12권 출간, 자기계발 습관 204가지 만듦, 시행착오, 대가 지불, 인고의 시간을 통해 가장 효율적이며 효과적인 교육 시스템은 2:3:5라는 것을 알게 되었습니다.

교육 듣는 것은 20% 밖에 되지 않습니다. 교육을 듣고 스스로가 생활 속에서 배웠던 것을 토대로 30% 학습, 연습, 훈련을 해야 합니다.
가장 중요한 50%는 학습, 연습, 훈련한 것을 검증된 전문가에게 꾸준히 a/s, 관리, 피드백을 받아야만 2:3:7공식 효과를 볼 수 있습니다.

해보자! 해보자!
나의 가능성을 믿고!

해보자!

해보자!

자신의
사과씨, 도토리, 포도씨 믿으세요!

사과씨 안에 얼마나 많은 사과가 있는지 모른다!
도토리 안에 얼마나 많은 도토리가 있는지 모른다!
포도씨 안에 얼마나 많은 포도가 있는지 모른다!

자기계발코칭전문가

내공, 가치, 값어치

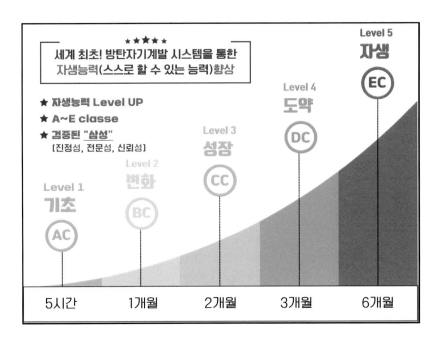

★ ★ ★ ★
세계 최초! 방탄자기계발 시스템을 통한
자생능력(스스로 할 수 있는 능력)향상

★ 자생능력 Level UP
★ A~E classe
★ 검증된 "삼성"
　[진정성, 전문성, 신뢰성]

Level 1
기초
AC

Level 2
변화
BC

Level 3
성장
CC

Level 4
도약
DC

Level 5
자생
EC

| 5시간 | 1개월 | 2개월 | 3개월 | 6개월 |

★ ★ ★ ★
검증된 전문가 교육시스템
회원제를 통한 무한반복 학습, 연습, 훈련
오프라인 전문상담사가 검진 후 특별맞춤 학습, 연습, 훈련

검증된 강사코칭 전문가
세계 최초 강사 백과사전
강사 사용설명서를 만든 전문가!
150년 A/S, 관리해주는 책임감!

검증된 책 쓰기 전문가 12권
나다운 강사1, 나다운 강사2
나다운 방탄멘탈, 행복히어로
나다운 방탄습관블록
나다운 방탄 카피 사전
나다운 방탄자존감 명언 I
나다운 방탄자존감 명언 II
방탄자기계발 사관학교 I
방탄자기계발 사관학교 II
방탄자기계발 사관학교 III
방탄자기계발 사관학교 IV

검증된 자기계발 전문가
방탄행복 창시자!
방탄멘탈 창시자!
방탄습관 창시자!
방탄자존감 창시자!
방탄자기계발 창시자!
방탄강사 창시자!

검증된 상담 전문가
20,000명 상담, 코칭!
혼자 독학하기 힘든 행복, 멘탈, 습관
자존감, 자기계발, 강의, 강사
1:1 케어까지 해주며 행복 주치의가
되어주는 전문가!

카페에 피카소가 앉아 있었습니다. 한 손님이 다가와 종이 냅킨 위에 그림을 그려 달라고 부탁했습니다. 피카소는 상냥하게 고개를 끄덕이곤 빠르게 스케치를 끝냈습니다. 냅킨을 건네며 1억 원을 요구했습니다.

손님이 깜짝 놀라며 말했습니다. 어떻게 그런 거액을 요구할 수 있나요? 그림을 그리는데 1분밖에 걸리지 않았잖아요. 이에 피카소가 답했습니다.

아니요. 40년이 걸렸습니다. 냅킨의 그림에는 피카소가 40여 년 동안 쌓아온 노력, 고통, 열정, 명성이 담겨 있었습니다.

피카소는 자신이 평생을 바쳐서 해온 일의 가치를 스스로 낮게 평가하지 않았습니다.

– 출처: <확신> 롭 무어, 다산북스, 2021 –

자기계발코칭전문가
커리큘럼

자신의 무한한 가능성을

방탄자기계발사관학교에서 시작하세요!

150년 a/s, 관리, 피드백 함께하겠습니다!

커리큘럼

Google 자기계발아마존

클래스명	내용	2급(온라인)	1급(온,오)
방탄자존감	나답게 살자! 원리 학습, 연습, 훈련	1강, 2강	5시간
방탄멘탈	멘탈 보호막 원리 학습, 연습, 훈련	3강, 4강	5시간
방탄습관	습관 보호막 원리 학습, 연습, 훈련	5강, 6강	5시간
방탄행복	나다운 행복 만들기 원리 학습, 연습, 훈련	7강, 8강	5시간
방탄자기계발	지금처럼이 아닌 지금부터 살자! 원리, 학습, 연습, 훈련	9강, 10강	5시간
방탄코칭	코칭전문가 10계명 (품위유지의무)	11강	5시간

"국가등록 민간자격"

★ 자격증명: 자기계발코칭전문가 2급, 1급
★ 등록번호: 2021-005595
★ 주무부처: 교육부
★ 자격증 종류: 모바일 자격증

교재

(선택사항 / 별도 구매)

NAVER 방탄카피사전	NAVER 방탄자존감명언	NAVER 방탄멘탈

NAVER 방탄습관	NAVER 행복히어로	NAVER 최보규

방탄자존감1

방탄자존감2

방탄자존감3

방탄멘탈

방탄습관

방탄행복

자기계발코칭전문가
필시/실기

자기계발코칭전문가2급
필기/실기

자기계발코칭전문가2급 필기시험/실기시험

#. 자격증 검증비, 발급비 50,000원 발생

　(입금 확인 후 시험 응시 가능)

▶ 1강~10강(객관식) : (10문제 = 6문제 합격)

▶ 11강(주관식) : (10문제 = 6문제 합격)

▶ 시험 응시자 문자, 메일 제목에 자기계발코칭전문
　가2급 시험 응시합니다.
　최보규 010-6578-8295 / nice5889@naver.com

▶ 네이버 폼으로 문제를 보내주면 1주일 안에 제출!
　합격 여부 1주일 안에 메일, 문자로 통보!
　100점 만점에 60점 안되면 다시 제출!

30

자기계발코칭전문가1급 필기/실기

자기계발코칭전문가1급 필기시험/실기시험

자기계발코칭전문가2급 취득 후 온라인(줌)1:1, 오프라인1:1 선택 후 5개 분야 중 하나 선택(방탄자존감, 방탄멘탈, 방탄습관, 방탄행복, 방탄자기계발=9가지) 한 분야 5시간 집중 코칭 후 2급과 동일하게 필기시험, 실기시험(코칭 비용 상담)

자신의 무한한 가능성을

방탄자기계발사관학교에서 시작하세요!

150년 a/s,관리,피드백 함께하겠습니다!

6장 방탄코칭

Google 자기계발아마존

자기계발코칭전문가
11강
코칭전문가10계명
(품위유지의무)

 코칭전문가 10계명
(품위유지의무)

1. 꾸준한 학습

   (상담사의 전문적인 지식 이외에도 사람들이 평균적으로 물어보는 상담 스킬 학습)

2. 솔선수범 (공인이라는 마음)

3. 정신건강운동

   (내담자들의 부정을 긍정으로 밀어내기 위한 노력)

4. 측은지심 갖기 (안쓰러운 마음 안타까운 마음)

5. 답을 주는 코칭전문가 되지 않기 (중간자 입장에서)

6. 경청 (눈 , 입 , 코 , 몸 , 귀 , 마음, 삶의 자세)

7. 진인사대천명

   (7:3 최선을 다해서 상담하고 나머지 상황은 하늘이 한다는 마음)

8. 코칭 전문가 자신 삶 속으로 가져오지 않기

9. 코칭 내용 보완 유지

10. 나의 1%는 누군가에게 살아가는 100%가 될 수 있다.

1. 꾸준한 학습

(상담사의 전문적인 지식 이외에도 사람들이 평균적으로 물어보는 상담 스킬 학습)

코칭 전문가 자격증을 취득했다면 코칭 전문가 타이틀에 맞게 코칭하는 분야 만큼은 그 누구보다 삼성이(진정성, 전문성, 신뢰성) 나와야 합니다.

코칭이란? 개인이 지닌 능력을 최대한 발휘하여 목표를 이룰 수 있도록 돕는 일.

한 분야의 코칭 전문가라면 누군가에 인생을 바꿔 줄

수 있는 사람입니다. 한 사람의 인생을 바꿔 줄 수 있다면 그 사람의 가족까지 인생을 바꿔 줄 수 있는 사람입니다. 책임감을 가지고 코칭을 잘 하기 위한 학습, 연습, 훈련을 해야 합니다.

2. 솔선수범(공인이라는 마음)

코칭 전문가 자격증을 취득하면 코칭 전문가 위치에 맞는 품위유지의무를 가져야 합니다.

연예인 품위유지의무: 계약을 할 때 품위유지의무 조항을 넣는다고 합니다. 연예인 품위유지의무 회사의 모델로서 지금과 같은 품위, 명예, 사회적인 명성을 유지하기로 약속하는 것.

만약 계약 기간 동안에 광고에 적합한 긍정적인 이미지를 유지하지 못해서 광고 모델로서의 경제적 가치를 잃어버리는 경우. 쉽게 말해서 부정적인 이미지로 광고주

에게 손해를 입힌 경우에는 광고모델이 광고주에게 손
해배상을 해야 한다.

2. 솔선수범 (공인이라는 마음)

엔예인 품위유지의무

회사의 모델로서 지금과 같은 품위, 명예, 사회적인 명성을
유지하기로 약속하는 것. 만약 계약기간 동안에 광고에 적
합한 긍정적인 이미지를 유지하지 못해서 광고모델로서의
경제적 가치를 잃어버리는 경우, 쉽게 말해서 부정적인 이
미지로 광고주에게 손해를 입힌 경우에는 광고모델이 광고
주에게 손해배상을 해야 한다.

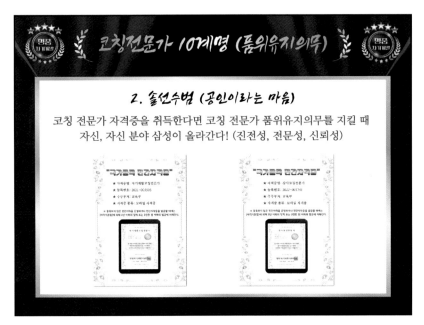

코칭 전문가는 민간 자격증입니다. 민간 자격증은 누구나 취득할 수 있습니다. 문턱이 낮습니다. 코칭 전문가 자격증을 취득 한다는 의미가 누군가는 스펙 하나 추가하기 위해서 취득합니다. 누군가는 자신 분야에 도움이 될 것 같아서 취득합니다. 누군가는 자기계발에 도움이 될 것 같아서 가벼운 마음으로 취득을 합니다. 민간 자격증은 가벼운 마음으로 취득하는 경우가 대부분입니다.

국가자격증은 아니지만 코칭 전문가 타이틀을 어떤 의미부여, 동기부여를 하냐에 따라서 그 타이틀 가치가 달라집니다. 일에일 품위유지의무처럼 코칭 전문가 자격증

최후 한다면 그 누가 따지지 않겠지만, 그 누가 감시하지 않겠지만, 위약금은 10배 배상하지는 않지만 스스로가 코칭 전문가 의무를 지킨다는 태도를 가져야만 코칭 전문가 자긍중에 가서가 만들어지서 자신, 자신 분야 삼성(진정성, 전문성, 신뢰성)이 나오는 것입니다.

누구나 전문가가 되고 싶어 합니다. 대부분 사람들 심리는 자신 분야 몇 년만 하면 반 전문가라는 자부심이 생깁니다. 한 분야 전문가라면 반 공인이라는 마음가짐으로 사람들에게 선한 영향력을 끼치기 위해 생활 속에서 솔선수범을 보여 줘야 합니다.

코칭 전문가 품위유지의무를 스스로가 지키기 위해서 솔선수범 했을 때 자신 분야 삼성(진정성, 전문성, 신뢰성)이 높아집니다.

코칭 전문가 품위유지의무 사소한 것일 수도 있습니다. 이런 생각을 하는 분들도 있을 것입니다. "민간 자격증인데 그렇게 까지 해야 되니? 뭘 그리 대나 하다고?" 자신 분야 전문가, 자신 분야 프로는 그렇게 까지 해야 되니? 라는 마음이 들 때 "그렇게 까지 안 하면 안된다." 이 정신으로 더 하는 사람입니다.

자신 분야 삼성(진정성, 전문성, 신뢰성)은 사소한 것부터 시작 됩니다. 삼성(진정성, 전문성, 신뢰성)이 중요하다고 알려 주는 사람이 있습니다.

지구에서 이 사람을 모르면 지구인이 아니란 말이 있습니다. 월드 클래스, 월드 스타 손흥민 선수입니다.

손흥민 선수가 월드 스타가 되기까지 손흥민 선수의 삼성(진정성, 전문성, 신뢰성)을 중요시했던 손웅심 감독의 특별한 교정이 있었습니다.

2. 솔선수범 (공인이라는 마음)

축구를 너무 좋아했지만 나는 죽을힘을 다해 뛸 뿐 기술이 부족한 삼류 선수였다. 나처럼 축구하면 안 되겠다 싶어서 나와 정반대로 가르쳤다. 훈련에서 가장 중요한 것은 기술이 아니라 인성, 기본기, 약속. 약속이란? (중간에 포기하지 않을 만큼 좋아하는지 항상 자신에게 물어보라! 목표, 방향, 의미 부여, 신념)

"모든 것은 기본에서 시작한다"
"가장 중요한 건 인성"

- 손웅정 감독 - / 〈출처: 강연남〉

손웅정 감독님이 강조 했던 3가지 인성, 기본기, 약속이 자신 분야 삼성인 진정성, 전문성, 신뢰성입니다.

최보규 방탄자기계발 전문가가 그렇게 강조! 강조! 또 강조! 했던 삼성! (진정성, 전문성, 신뢰성)

자신 분야 삼성의 첫 번째는 진정성!
진정성은 인성에서 나옵니다. 사람의 도리를 지키며 사람 관계를 소중하게 생각하는 태도입니다.
자신 분야 삼성의 두 번째는 전문성!
전문성은 기본기가 없으면 절대로 나오지 않습니다.

기본기가 기초가 되어, 뿌리가 되어, 초석이 되어 전문성이 나오는 것입니다.

자신 분야 삼성의 세 번째는 신뢰성!
신뢰성은 자신을 먼저 믿고 자신이 하는 일을 믿어야만 나오는 것입니다. 목표, 방향, 의미 부여에서 나옵니다.
신뢰성은 자신과의 약속에서 나옵니다.

대한민국 국가 등록 민간 자격증이 45,305개입니다.
민간 자격증을 등록한 기관은 11,858개입니다.

10,000개가 넘는 기관 중에서 자격증 품위유지의부 교육을 하는 기관은 방탄자기개발사관학교뿐 입니다.
인재 1명이 10만 명을 먹여 살리고 명품 코칭 전문가 (품위유지의부) 1명이 10만 명을 변화 시킵니다.

코칭전문가 10계명 (품위유지의무)

대한민국 국가등록 민간 자격증
45,305개 종목 / 11,858개 기관 중에 품위유지의무
교육을 하는 기관은 방탄자기계발사관학교뿐입니다.

코칭 전문가 품위유지의무 교육을 창시한 기관!

방탄자기계발사관학교
www.방탄자기계발사관학교.com

Google 자기계발아마존   YouTube 방탄자기계발   NAVER 방탄자기계발사관학교   NAVER   최보규

3. 정신건강 운동 (코칭 받는 사람의 부정을 긍정으로 밀어내기 위한 노력)

코칭의 가장 기본적인 스펙은 상담입니다. 현 상황을 파악해서 현재, 앞으로의 방향을 잡아줘야 합니다.

그런데 코칭을 하다보면 코칭을 받는 사람에게 부정적인 감정이 동요 되어 코칭 전문가의 멘탈, 자존감이 역으로 다운되는 경우가 생깁니다.

코칭 전문가는 평상시에 스스로 멘탈, 자존감을 셀프케어 하기 위해서 학습, 연습, 훈련을 꾸준히 해야 합니다.

4. 측은지심 갖기 (안쓰러운 마음 안타까운 마음)

측은지심은 불쌍한 마음이 아닙니다. 안쓰러운 마음 안타까운 마음입니다. 일반적인 관계인 기브앤테이크가 아닌 코칭 받는 사람의 입장, 상황을 생각하며 측은지심을 가질 수 있어야 합니다.

"너 아프냐? 어쩌라고?" 이런 태도가 아니라 "아프세요? 아프군요. 힘들어요? 힘드시군요."
코칭 전문가라면 측은지심을 갖고 함께 고민하고 함께 걱정을 해줘야 합니다.
도와줄 수 있는 선에서 최선을 다 해야 합니다.

46

5. 답을 주는 코칭 전문가 되지 않기 (중간자 입장에서)

한 분야 전문가라도 무조건 답이라고 단정 지어서 말을 하면 안 됩니다. 이게 답이라고 말을 했다가 그 답을 믿고 선택하고 따라했는데 결과가 나오지 않을 때는 코칭 전문가에게 화살이 돌아옵니다.

그래서 코팅 전문가는 중간자 입장에서 이럴 수도 있고 저럴 수도 있습니다. A를 선택했을 때 B를 선택했을 때 장, 단점이 있습니다. 선택은 당신이 하는 것이고 책임도 당신 몫입니다. 코칭 전문가는 답을 주는 게 아니라 잘 선택할 수 있게 방향을 잡아 주는 사람입니다.

6. 경청 (눈 , 입 , 코 , 몸 , 귀 , 마음, 삶의 자세)

눈 경청 , 입 경청, 코 경청 , 몸 경청 , 귀 경청 , 마음 경청, 삶의 자세 경청, 경청은 귀로만 듣는 게 아닙니다. 눈 경청은 "당신의 걱정, 고민들을 함께 헤쳐 나갑시다." 라는 눈빛을 보일 때 눈 경청입니다.

눈총과 눈빛 차이점이 있습니다. 눈총은 "너가 되겠냐, 너 주제에, 주제를 알아라, 너 스펙에 너 돈 없잖아. 너 외모 안 되잖아." 이런 눈총을 주는 사람 있습니다. 눈빛은 "함께 합시다. 할 수 있습니다. 제가 도와드릴게 요. 당신 가능성을 믿으세요."

입 경청은 지금 감정을 공감 해주는 말투로 말 해주는 것이 입 경청입니다.

"그랬군요. 힘들었군요. 지치셨군요. 답답했군요."

코 경청은 상대방이 말하는 내용에서 느껴지는 삶의 향기에 집중하는 것이 코 경청입니다.

귀 경청은 말 하는 소리만 잘 듣는 것이 아니라 말투에 따라 공감 해주는 것이 귀 경청입니다. 건성건성 듣는지 잘 듣고 있는지 모습에서 보입니다.

마음 경청은 안타까운 마음, 안쓰러운 마음으로 듣는 것이 마음 경청입니다.

삶의 자세 경청은 코칭 전문가 자신이 생활 속에서 나를 알고 있는 주변 사람들에게 선한 영향력을 끼치는 삶을 보여 주는 것이 삶의 자세 경청입니다.

삶의 자세 경청이 잘 되면 눈, 입, 코, 몸, 귀, 마음 경청은 자연스럽게 됩니다.

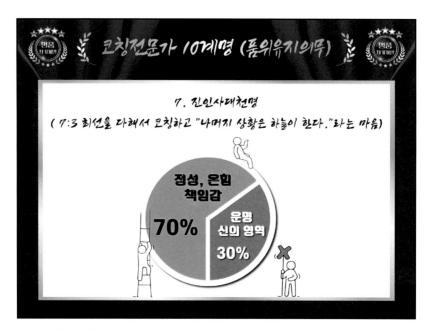

7. 진인사대천명

(7:3 최선을 다해서 코칭 하고 나머지 상황은 하늘이 한다는 마음)

코칭을 하고 나서 코칭 받은 사람이 바라는 결과가 나오지 않더라도 코칭 받는 동안에 70% 온 정성을 다했다면 30%는 하늘에 맡겨야 합니다.

코칭 전문가는 신의 영역인 하늘의 뜻 30%를 책임질 필요가 없습니다. 30% 책임지려고도 하면 안 되는 것입니다. 책임 질 수도 없습니다.

코칭 받는 동안 70% 최선을 다하고 정성을 다했다면 코칭 전문가로서 역할을 다한 것입니다. 결과가 안 좋게 나오더라도 그 사람 운명, 그 사람 몫입니다.

결과가 나오지 않았다 라면 결과가 나올 때까지 A/S, 관리, 피드백 해주는 것은 코칭 전문가 재량껏 하면 되는 것입니다. 무조건 책임져야 되는 것은 없습니다.

– 상담 스토리텔링

필자가 상담 초보 때 경험한 스토리텔링입니다.

내 담자 분이 극단적인 선택을 하려고 약통 하나를 옆에 두고 저에게 전화를 하는 상황입니다. 필자는 최선을 다해서 상담을 했습니다. 전화 끊고 나서 너무 걱정 되는 겁니다. 내 딴에는 최선을 다해서 상담했는데 내가 잘못 말해서, 내가 상담을 못해서 극단적인 선택을 했으면 어떡하지? 불안감이 드는 겁니다.

필자가 코칭 전문가를 양성하고 코칭 전문가를 사후 관리로 케어 해주듯이 심리상담사를 케어 해주는 상담사가 있습니다.

그 상담사에게 오늘 상담했던 것을 애기를 했습니다.

이런 마음이 든다고 그 상담사 조언 덕에 7:3공식을 알게 되었습니다.

"70% 최선을 다해서 정성을 다해서 온 힘을 다해 상담을 해줬다면 나머지 30%는 신의 영역이고 하늘의 뜻이다." 이런 마음, 말을 하면서 스스로에게 최선을 다했다고 칭찬해 주면 되는 것입니다.

인생이란 것도 7:3공식을 접목하면 됩니다. 최선을 다하고, 정성을 다하며 하는 데까지 했으면 이 후로 벌어지는 것은 신의 뜻인 운명이라는 것입니다. 이런 태도가 코칭 전문가에게는 더더욱 있어야 합니다.

8. 코칭 전문가 자신 삶 속으로 가져오지 않기

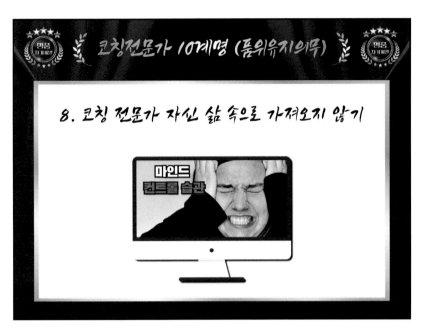

8. 코칭 전문가 자신 삶 속으로 가져오지 않기

코칭 받는 사람들의 부정적인 감정들을 코칭 할 때 툴툴 털고 바로바로 그때그때 감정 셀프케어를 해야 되는데 부정적인 감정들이 코칭이 끝나고 나서도 코칭 전문가 삶까지 깊이 들어오게 하면 안 됩니다.

"코칭 받는 사람이 너무 부정적이야. 나의 멘탈, 자존감을 흔들리게 해. 나도 부정적인 사람이 되는 거 같아. 오늘 기분이 너무 안 좋다. 그 사람 때문에 너무 우울하다."

이런 감정이 들 때 안 좋은 감정, 부정의 감정을 그때그때 툴툴 먼지 털듯 털어버리기 위해서는 평상시에 마인드 컨트롤 학습, 연습, 훈련 꾸준히 해야 합니다.

필자의 마인드 컨트롤 학습, 연습, 훈련 204가지 습관 참고하세요!

1. 전신 장기기증
2. 유서 써놓기
3. 꿈 목표 설정
4. 영양제 챙기기
5. 꿀 챙기기
6. 계단 이용
7. 8시간 숙면
8. 취침 4시간 전 안 먹기
9. 기상 후, 자기 전 스트레칭 10분
10. 술, 담배 안 하기
11. 하루 운동 30분
12. 밀가루 기름진 음식 줄이기
13. 자극적인 음식 줄이기
14. 얼굴 눈 스트레칭
15. 박장대소 하루 2회
16. 기상 직후 양치질 물먹기
17. 물 7잔 마시기
18. 밥 먹는 중 물 조금만
19. 국물 줄이기
20. 밥 먹고 30후 커피 마시기
21. 기상 직후 책 들기
22. 한달 책 15권 보기
23. 책 메모하기
24. 메모 ppt 만들기
25. SNS 캡처 자료수집
26. 강의 자료 항상 찾기
27. 좋은 글 점심때 보내기
28. 사랑의 전화 봉사
29. 주말 유치원 봉사
30. 지인 상담봉사
31. 강의 재능기부
32. 사랑의 전화 후원
33. 강의자료 주기
34. TV 줄이기
35. 부정적인 뉴스 줄이기
36. 솔선수범하기
37. 지인들 선물 챙기기
38. 한달 한번 등산
39. 몸에 무리 가는 행동 안 하기
40. 하루 감사 기도 마무리
41. 탄산음료, 과일쥬스 줄이기
42. 아침 유산균 챙기기
43. 고자세
44. 스마트폰 소독 2번
45. 게임 안 하기
46. SNS 도움 되는 것 공유
47. 전단지 받기
48. 긍정, 멘탈 사용설명서 도구 스티커 나눠주기
49. 학습자 선물 주기
50. 강의 피드백 해주기
51. 자일리톨 원석 먹기 하루3개
52. 찬물 줄이고 물 미온수 먹기
53. 소금물 가글
54. 알람 듣고 바로 일어나기

55. 오전 10시 이후 커피 먹기
56. 믹스커피 안 먹기
57. 강의 촬보 주기
58. 강의 동영상 주기
59. 강의 녹음파일 주기
60. 블로그 좋은 글 나누기
61. 인스턴트 음식 줄이기
62. 아이스크림 줄이기
63. 빨리 걷기
64. 배워서 남주자 실천(PPT)
65. 읽어서 남주자 실천(책 속의글)
66. 오른손으로 차 문 열기
67. 오손도손 오손 왼손 캠페인 전파하기
68. 운전 중 스마트폰 안 보기
69. 취침 전 30분 독서
70. 취침 전 30분 스마트폰 안 보기
71. 오늘이 마지막인 것처럼 섬기고 영원히 살 것처럼 배우기
72. 자존심 신발장에 넣어 두고 나오기
73. 내가 받은 상처는 모래에 새기고 내가 받은 은혜는 대리석에 새기기
74. 어제의 나와 비교하기
75. 어제 보다 0.1% 성장하기
76. 세상에서 가장 중요한 스펙? 건강, 태도 실천하기
77. 나방이 되지 않기
78. 마라톤 10주 프로그램 시작
79. 마라톤 5km 도전
80. 마라톤 10km 도전
81. 마라톤 하프 도전
82. 마라톤 풀코스 도전
83. 자기 전 5분 명상
84. 뱃살 스트레칭 3분
85. 아침 동기부여 사진 보내기 8시
86. 저녁 동기부여 사진 보내기 9시
87. 나의 1%는 누군가에게는 100%가 될 수 있다. 실천
88. 150세까지 지금 몸매, 몸 상태 유지 관리
89. 아침 달걀 먹기
90. 운동 후 달걀 먹기
91. 헬스장 등록
92. 오래 살기 위해서가 아니라 옳게 살기 위해 노력하는 사람이 되자
93. 남들이 하는 거 안 하기 남들이 안 하는 거 하기

94. 아침 결명자차 마시기
95. 저녁 결명자차 마시기
96. 폼롤러 스트레칭
97. 어제보다 나은 내가 되자
98. 남들이 안 하는 강의 분야 도전
99. 플랭크 운동
100. 스쿼터 운동
101. 계산할 때 양손으로 주고받고 인사
102. 명함 거울 선물 주기
103. 40살 되기 전 책 출간
104. 반100년 되기 전 책 5권 집필하기
105. 유튜브[나다운TV] 강사심폐소생술
106. 유튜브[나다운TV] 나다운심폐소생술
107. 아.원.때.시.후.성.실 말 줄이기
108. 나다운 강사 책 유튜브 올려 함께 잘되기
109. 리플렛으로 동기부여 시켜주기
110. 아침 8시 동기부여 메시지 만들어 보내기
111. 저녁 9시 동기부여 메시지 만들어 보내기
112. 어플 책 속의 한줄에 책 내용 올리기
113. 책 내용 SNS 오픈
114. 3번째 책 원고 작업 시작
115. 4번째 책 자료수집
116. 뱃살관리 스트레칭 아침, 저녁 5분
117. 3번째 책 기획출판계약
118. 최보규강사사관학교 시작
119. 최보규강사사관학교 지회 원장 임명
120. 몰노(몰바른 노력)공식 오픈
121. 행복, 방탄멘탈 공식 자자자멘습금 오픈
122. 생화 네 잎 클로버 선물 주기
123. 세바시를 통해 극단적인선택 예방 전파!
124. 세바시를 통해 자자자자멘습금 사용설명서 전파!
125. 4번째 책 원고 시작 2021년 1월 출간 목표!
126. 전염성이 강한 상황 왔을 때 대처하기 위한 준비!
127. 코로나19 극복을 위한 공적 마스크 독고 어르신들 주기!

128. 아내를 위해 앉아서 소변보기
129. 돌아라 하지 말고 돈게 하자
130. 좋은 사람이 되지 말고 좋은 사람 되어주자.
131. 좋아하게 하지 말고 좋아지게 하자
132. 보여주는(인기)인생을 사는 것보다
     보여지는(인정)인생을 살아가자.
133. 나 이런 사람이야 말하지 않아도
     이런 사람이구나 느끼게 하자.
134. 마음을 얻으려 하지 말고 마음을 열게 하자.
135. 믿으라 하지 말고 믿게 하자
136. 나에 행복 0순위는 아내의 행복이다!
     일어나서 자기 전까지 모든 것 아내에게 집중!
137. 아내 말을 잘 들자! 하는 일이 잘 된다!
138. 아버지가 어머니에게 이렇게 대변으며 는 남편이
     되겠습니다. 매형들이 누나들에게 이렇게 대변으며
     하는 남편이 되었습니다.
139. 눈내 몸은 아내꺼다. 빌려 쓰는 거다 담배, 술, 몸에
     무리가 가는 모든 것 자제 하고 건강관리, 자가관리
     하겠습니다.
140. 아내의 은혜를 보답하기 위해 머리, 가슴, 몸, 돈으로
     실천하겠습니다!

141. 아내에게 받은 사랑(내조) 보답하기 위해 머리, 가슴, 몸, 돈
     으로 실천하겠습니다.
142. 아내를 몸, 마음, 돈으로 평생 웃게 해서 호강시켜주겠습니다.
143. 아내를 존경하겠습니다. 세상에 아내 같은 여자 없습니다.
144. 아내 빼고는 모든 여자는 공룡이다 정신으로 살겠습니다!
145. 많은 사람들에게 인정받는 남편이 아닌 아내에게 인정받는
     남편이 되기 위해 먼저 맞추는 남편이 되겠습니다.
146. 아내에게 무조건 지겠습니다.
     이기려 하지 않겠습니다. 아내 앞에서는 나직설자체를
     내려놓겠습니다. (나이, 직급, 성별, 자존심, 체면)
147. 지저분한 것(음식물 쓰레기, 화장실 청소)다 하겠습니다.
148. 함께하는 한 가지를 위해 개인 생활 10가지를 감수하겠습니다.
149. 최강자학습지 시작 (최보규의 감사학습지, 자기개발학습지)
150. 출첵 시작(집에서 화상 1:1 케어)
151. 불자의 인생 시작
152. 나는 복덩어리다. 나는 운이 좋은 사람이다.
153. 베스트셀러 3권 달성 노하우 책쓰기 교육 시작
154. 유튜브, 유튜버 100년 하는 노하우 교육 시작

155. 방탄멘탈마스터 양성 시작
156. 나다운 방탄멘탈 책으로 극단적인 선택 줄이기
157. 아침 8시, 저녁9시 방탄멘탈공식 SNS 공유
158. 5번째 책 2022년 나다운 방탄사랑
159. 2023 나다운 방탄멘탈 2
160. 2024 나다운 책 쓰기(100년 가는 책)
161. 2025 유튜버가 아니라 나튜버 (100년 가는 나튜버)
162. 2026 나다운 감사3(Q&A)
163. 2027 나다운 명언
164. 2029 나다운 인생(50살 자서전)
165. 줌 화상기법 강의, 코칭(최보규줌사관학교)
166. 언택트(비대면)시대에 맞게 아날로그 방식 80%를
     디지털 방식 80%로 체인지
167. 변기 뚜껑 닫고 물 내리기
168. 빨래개기
169. 요리하기, 요리책 내기 위한 자료 수집
170. 화장실 물기 제거

171. 부엌 청소, 집 청소, 화장실 청소
172. 사랑해 100번 표현하기
173. 아내에게 하루 마무리 안마 5분 해주기
174. 헌혈 2달에 1번
175. 헌혈증 기부
176. 네 번째 책 행복 히어로 책 출간
177. 극단적인 선택률, 이혼율 낮추기 위한 교육 시작
178. 행복을 높이기 위한 교육 시작
179. 다섯 번째 책 원고 작업 시작
180. 여섯 번째 책 자료 수집
181. 운전 중 양보 해줄 때, 받을 때 목례로 인사하기.
182. 다섯 번째 책 나다운 방탄습관블록 출간
183. 습관사관학교 시스템 완성
184. 습관 코칭, 교육 시작
185. 아침 8시, 저녁 9시 습관 메시지 sns 공유
186. 습관 전문가 되어 무료 케어 상담 시작
187. 습관 콘텐츠 유튜브<행복히어로>에 무료 오픈 시작

188. 여섯 번째 책 원고 작업 시작
189. 최보규상(대한민국 노벨상) 버킷리스트 설정
190. 2037년까지 운영진, 자금(상금), 시스템 완성 목표 설정
191. 최보규상을 1,000년 동안 유지하기 위한 공부
192. 일곱 번째 자존감 책 원고 작업
193. 여덟 번째 책 쓰기 책 자료 수집, 공부
194. 앉아서 일 할 때 50분의 한번 건강 타이머 누르기
195. 세계 최초 자기개발쇼핑몰(www.자기개발아존.com)
196. 온라인 건물주 분양 시작(월세, 연금성 소득 올릴 수 있는 시스템)
197. 일곱, 여덟 번째 책 출간 (나다운 방탄자존감 명언 Ⅰ, Ⅱ)
198. 자기개발코칭전문가 1급, 2급 자격증 교육 시작
199. 방탄자기개발사관학교 Ⅰ, Ⅱ, Ⅲ, Ⅳ 4권 출간
200. 2021년 목표였던 9권 책 출간 달성!
201. 하루 3번 호흡 스택 습관 쌓기 시작
     (코 8초 마시고, 5초 멈추고, 입으로 8초 내뱉기)
202. 장모님께 출간 한 책 12권 드리기
203. 2022년 최보규의 책 쓰기9 원고 작업 시작
204. 100만 프리랜서를 도움주기 위한 프로젝트 시작

9. 코칭 내용 보완 유지

개인정보보호범

제59조(금지행위)개인 정보를 처리하거나 처리하였던 자는 다음 각 호의 어느 하나에 해당하는 행위를 하여서는 아니 된다.

1. 거짓이나 그 밖의 부정한 수단이나 방법으로 개인정보를 취득하거나 처리에 관한 동의를 받는 행위

2. 업무상 알게 된 개인 정보를 누설하거나 권한 없이 다른 사람이 이용하도록 제공하는 행위

3. 정당한 권한 없이 또는 허용된 권한을 초과하여 다른 사람의 개인 정보를 훼손, 멸실, 변경, 위조 또는 유출하

는 행위

제71조(벌칙)

5년 이하의 징역 또는 5천만 원 이하의 벌금에 처한다.

이름, 주민등록번호, 주소, 전화번호, 가족관계 등 개인
신상 등 코칭 내용도 개인정보보호법 개념으로 보완 유
지를 잘 해야 합니다.

10. 나의 1%는 누군가에게 살아가는 100%가 될 수 있다

코칭 전문가의 코칭 한번이 코칭 받는 사람의 인생을 바꿔 줄 수 있습니다. 그 가족까지 인생을 바꿔 줄 수 있다는 것을 알아야 합니다. 책임감과 자부심이 있어야 합니다.

"위치가 사람을 만든다."는 말이 있습니다. 하지만 이 말은 20세기 말입니다. 21세기라면 다르게 해석해야 합니다. "위치가 사람을 망친다. 위치가 사람을 변질 되게 한다. 위치가 사람을 악하게 만든다. 위치가 사람을 현혹 시킨다." 오너리스크가 판을 치는 세상이기에 자신 위치에서 변질, 삼혹(유혹, 현혹, 화혹: 화려함에 혹하다)되지 않기 위한 학습, 연습, 훈련을 끊임없이 해야 합니다.

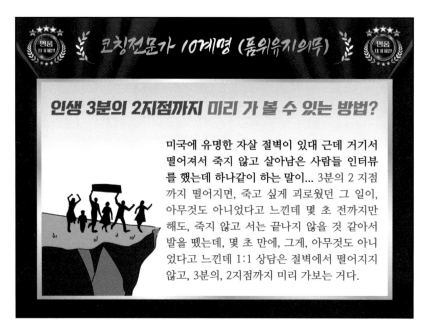

― 스토리텔링

만세절벽!(자살절벽) 서태평양 사이판섬 북부 마피산(॥)에 있는 만세절벽(자살절벽)이 있다.

제2차 세계대전 때 마피산까지 후퇴한 일본군과 민간인은 항복을 권하는 미군의 방송을 무시하고 이 절벽에서 전원 자살하였다.

현재는 꼭대기에 평화기념공원이 조성되었고, 그 안쪽에는 그들의 넋을 추모하는 기념비가 세워져 있다.

1944년 7월 7일, 일본군은 자살공격으로 전멸당하고, 미군의 제지에도 불구하고 노인과 부녀자 1,000여 명이 80m 높이의 절벽에서 몸을 날려 자살한 곳이다.

그들이 모두 '덴노헤이카 반자이(천황폐하만세)'를 외치며 죽었다는 데서 붙여진 이름이다.

– 출처: [네이버 지식백과] 만세절벽 –

JTBC 드라마에서 나오는 <나의 해방일지> 대사입니다.

TV에서 봤는데, 미국에 유명한 자살 절벽이 있대 근데 거기서 떨어져서 죽지 않고 살아남은 사람들 인터뷰를 했는데 하나같이 하는 말이... 3분의 2 지점까지 떨어지면, 죽고 싶게 괴로웠던 그 일이, 아무것도 아니었다고 느낀데 몇 초 전까지만 해도, 죽지 않고 서는 끝나지 않을 것 같아서 발을 뗐는데, 몇 초 만에, 그게, 아무것도 아니었다고 느낀데 사는 걸 너무너무 괴로워하는 사람한테, 1:1 상담은 절벽에서 떨어지지 않고, 3분의, 2지점까지 미리 가보는 거다.

코칭 전문가는 자신, 자신 분야 가능성이 없다고 하는 사람들에 게 자신, 자신 분야 가능성 3분의 2를 미리 느낄 수 있게 하여 자신, 자신 분야 가능성을 폭발시켜 줄 수 있는 코칭 전문가가 되어 줘야 합니다.

명품 코칭 전문가는 자신 코칭으로 코칭 받는 사람의 자신, 자신 분야 가능성, 잘 되는 모습, 행복한 인생, 나다운 인생... 3분의 2를 미리 느끼게 해줘야 한다.

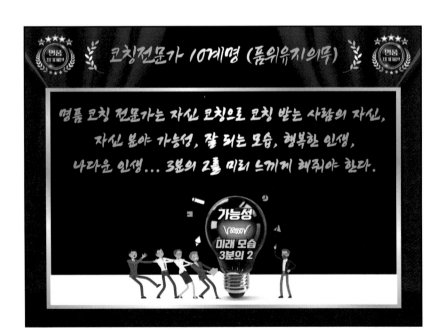

한번의 코칭으로 코칭 받는 사람의 인생 3분의 2지점까지 미리 볼 수 있게 해줘야 합니다. 코칭 전문가도 코칭으로 자신, 자신 분야 가능성이 없다고 하는 사람들에게 자신, 자신 분야 가능성 3분의 2를 미리 느낄 수 있게 하여 자신, 자신 분야 가능성을 폭발시켜 줄 수 있는 코칭 전문가가 되어 줘야 합니다.

자신의 코칭으로 자신, 자신 분야 잘 되는 모습을 미리 보게 해 줄 수 있는 코칭 전문가가 되어줘야 합니다. 자신의 코칭으로 나다운 인생을 살아 갈 수 있는 모습을 미리 보게 해 줄 수 있는 코칭 전문가가 되어줘야 합니다.

자신의 코칭으로 "당신은 제가 좋은 사람이 되고 싶도록 만들어요." 말을 들을 수 있는 모습을 미리 보게 해 줄 수 있는 코칭 전문가가 되어줘야 합니다.

방탄자기계발사관학교
명품 코칭전문가

코칭 전문가의 삶이란?

자신을 알고 있는 사람들이 솔선수범, 자기관리, 나눔, 사람의 정, 정직, 공정, 배려를 생각할 때 코칭 전문가를 떠올리는 삶입니다.

나부터 시작!
작은 것부터 시작!
지금부터 시작!

자신의 무한한 가능성을
방탄자기계발사관학교에서 시작하세요!

 방탄자존감 사관학교
 방탄행복 사관학교
 방탄멘탈 사관학교
 방탄습관 사관학교

 방탄사랑 사관학교
 방탄웃음 사관학교
 방탄강사 사관학교
 방탄책쓰기 사관학교
 방탄유튜버 사관학교

방탄자기계발
심화(1급) 코칭

9개 분야 중 심화 코칭 받고 싶은 분야 선택 가능!
(자존감, 행복, 멘탈, 습관, 사랑, 웃음, 강사, 책 쓰기, 유튜버)

1개 분야 (5시간)	6개 분야 (30시간)
2개 분야 (10시간)	7개 분야 (35시간)
3개 부야 (15시간)	8개 분야 (40시간)
4개 분야 (20시간)	9개 분야 (45시간)
5개 분야 (25시간)	

상담 무료!
최보규 대표
010-6578-8295
nice5889@naver.com

방탄자기계발 내공, 스펙, 값어치

 자기계발 책 2,000권 독서

 20,000명 상담 코칭

 자기계발 책 12권 출간

 44년간 자기계발 습관 204가지 만듦

방탄자기계발
심화(1급) 코칭

9개 분야 중 심화 코칭 받고 싶은 분야 선택 가능!

(자존감, 행복, 멘탈, 습관, 사랑, 웃음, 강사, 책 쓰기, 유튜버)

1개 분야 (5시간)	6개 분야 (30시간)
2개 분야 (10시간)	7개 분야 (35시간)
3개 부야 (15시간)	8개 분야 (40시간)
4개 분야 (20시간)	9개 분야 (45시간)
5개 분야 (25시간)	

상담 무료!
최보규 대표
☎ 📱 010-6578-8295
nice5889@naver.com

방탄자존감 자기계발

클래스 1단계	자존감 종합검진
클래스 2단계	방탄자존감 1단계 (자존감 원리 이해)
클래스 3단계	방탄자존감 2단계 (후시딘 자존감)
클래스 4단계	방탄자존감 3단계 (마데카솔 자존감)
클래스 5단계	방탄자존감 실천 동기부여

방탄자기계발
심화(1급) 코칭

9개 분야 중 심화 코칭 받고 싶은 분야 선택 가능!

(자존감, 행복, 멘탈, 습관, 사랑, 웃음, 강사, 책 쓰기, 유튜버)

1개 분야 (5시간)	6개 분야 (30시간)
2개 분야 (10시간)	7개 분야 (35시간)
3개 부야 (15시간)	8개 분야 (40시간)
4개 분야 (20시간)	9개 분야 (45시간)
5개 분야 (25시간)	

상담 무료!
최보규 대표
📱 010-6578-8295
nice5889@naver.com

방탄행복 자기계발

클래스 1단계	행복 초등학생, 행복 중학생, 행복 고등학생 001강 ~ 030강
클래스 2단계	행복 전문학사 = 031강 ~ 050강 행복 학사 = 051강 ~ 080강
클래스 3단계	행복 석사 = 081강 ~ 100강
클래스 4단계	행복 박사 = 101강 ~ 120강
클래스 5단계	행복 히어로 = 120강 ~ 135강

방탄자기계발 심화(1급) 코칭

9개 분야 중 심화 코칭 받고 싶은 분야 선택 가능!

(자존감, 행복, 멘탈, 습관, 사랑, 웃음, 강사, 책 쓰기, 유튜버)

1개 분야 (5시간)	6개 분야 (30시간)
2개 분야 (10시간)	7개 분야 (35시간)
3개 부야 (15시간)	8개 분야 (40시간)
4개 분야 (20시간)	9개 분야 (45시간)
5개 분야 (25시간)	

상담 무료!
최보규 대표
☎ 010-6578 0295
nice5889@naver.com

방탄멘탈 자기계발

클래스 1단계
순두부 멘탈 step 01 ~ step 10
실버 멘탈 step 11 ~ step 20

클래스 2단계
골드 멘탈 step 21 ~ step 30
에메랄드 멘탈 step 31 ~ step 40

클래스 3단계
다이아몬드 멘탈
step 41 ~ step 50

클래스 4단계
블루다이아몬드 멘탈
step 51 ~ step 70

클래스 5단계
나다운 방탄멘탈
step 71 ~ step 115

방탄자기계발 심화(1급) 코칭

9개 분야 중 심화 코칭 받고 싶은 분야 선택 가능!

(자존감, 행복, 멘탈, 습관, 사랑, 웃음, 강사, 책 쓰기, 유튜버)

1개 분야 (5시간)	6개 분야 (30시간)
2개 분야 (10시간)	7개 분야 (35시간)
3개 부야 (15시간)	8개 분야 (40시간)
4개 분야 (20시간)	9개 분야 (45시간)
5개 분야 (25시간)	

상담 무료!

최보규 대표

010-6578-8295

nice5889@naver.com

방탄습관 자기계발

클래스 1단계	나다운 방탄습관블록 공식
클래스 2단계	몸 습관 블록 쌓기
클래스 3단계	머리 습관 블록 쌓기
클래스 4단계	마음(방탄멘탈)습관 블록 쌓기
클래스 5단계	자신 습관 종합검진 습관 처방전과 실천 동기부여

71

방탄자기계발
심화(1급) 코칭

9개 분야 중 심화 코칭 받고 싶은 분야 선택 가능!

(자존감, 행복, 멘탈, 습관, 사랑, 웃음, 강사, 책 쓰기, 유튜버)

1개 분야 (5시간)	6개 분야 (30시간)
2개 분야 (10시간)	7개 분야 (35시간)
3개 부야 (15시간)	8개 분야 (40시간)
4개 분야 (20시간)	9개 분야 (45시간)
5개 분야 (25시간)	

상담 무료!
최보규 대표
☎ 010-6578-8295
nice5889@naver.com

방탄사랑 자기계발

클래스 1단계	결혼은 한명이 아닌 세명과 한다. 사랑 본질 학습, 연습, 훈련
클래스 2단계	부부 방탄멘탈 업그레이드 1
클래스 3단계	부부 방탄멘탈 업그레이드 2
클래스 4단계	부부행복 (부부서로 행복히어로 되어주기)
클래스 5단계	부부 13계명 학습, 연습, 훈련 1 부부 13계명 학습, 연습, 훈련 2 (화해의 기술)

방탄자기계발 심화(1급) 코칭

9개 분야 중 심화 코칭 받고 싶은 분야 선택 가능!

(자존감, 행복, 멘탈, 습관, 사랑, 웃음, 강사, 책 쓰기, 유튜버)

1개 분야 (5시간)	6개 분야 (30시간)
2개 분야 (10시간)	7개 분야 (35시간)
3개 부야 (15시간)	8개 분야 (40시간)
4개 분야 (20시간)	9개 분야 (45시간)
5개 분야 (25시간)	

상담 무료!

최보규 대표

☎ 010-6578-8295

nice5889@naver.com

방탄웃음 자기계발

클래스 1단계	방탄웃음 원리 이해 (학습, 연습, 훈련)
클래스 2단계	방탄웃음 스팟 기법 (학습, 연습, 훈련)
클래스 3단계	방탄웃음 실전 기법 (학습, 연습, 훈련)
클래스 4단계	방탄웃음 습관 사용설명서 (학습, 연습, 훈련)
클래스 5단계	방탄웃음 실전 강의 청강 (강사료 100만 원 실전 강의)

방탄자기계발 심화(1급) 코칭

9개 분야 중 심화 코칭 받고 싶은 분야 선택 가능!

(자존감, 행복, 멘탈, 습관, 사랑, 웃음, 강사, 책 쓰기, 유튜버)

1개 분야 (5시간)	6개 분야 (30시간)
2개 분야 (10시간)	7개 분야 (35시간)
3개 부야 (15시간)	8개 분야 (40시간)
4개 분야 (20시간)	9개 분야 (45시간)
5개 분야 (25시간)	

상담 무료!
최보규 대표
☎ 010 6578-8295
nice5889@naver.com

방탄강사 자기계발

클래스 1단계	강의 시작 집중기법, SPOT 기법 아이스브레이킹 기법, SPOT+메시지기법
클래스 2단계	스토리텔링 기법
클래스 3단계	엑티비티 팀빌딩 기법 (팀 워크, 조직활성화)
클래스 4단계	강사 인성, 매너, 개념, 멘탈 교육 강사 연차 별 준비, 변화 방법! 강사료 올리는 방법!
클래스 5단계	3D.4D 강의 기법. 담당자, 청중, 학습자가 원하는 강의기법

75

방탄자기계발 심화(1급) 코칭

9개 분야 중 심화 코칭 받고 싶은 분야 선택 가능!

(자존감, 행복, 멘탈, 습관, 사랑, 웃음, 강사, 책 쓰기, 유튜버)

1개 분야 (5시간)	6개 분야 (30시간)
2개 분야 (10시간)	7개 분야 (35시간)
3개 부야 (15시간)	8개 분야 (40시간)
4개 분야 (20시간)	9개 분야 (45시간)
5개 분야 (25시간)	

상담 무료!
최보규 대표
☎ 010-6578-8295
nice5889@naver.com

방탄유튜버 자기계발

클래스 1단계	유튜브 시작 준비! (채널 100년 목표, 방향, 자신 분야 연결)
클래스 2단계	영상 촬영 방향! (영상 콘셉트, 기획)
클래스 3단계	촬영 기법! (기본 장비, 촬영 도구, 카메라)
클래스 4단계	영상 업로드! (편집프로그램, 영상 편집 기본 세팅)
클래스 5단계	유튜버 인성, 매너, 멘탈, 홍보전략 (유튜버 태도) 자신 분야 연결 제2수입, 제3수입 발생 무인 시스템 기획, 제작

4차 산업시대는 4차 강사인 방탄강사!

커리큘럼

NAVER 방탄자기계발사관학교

클래스명	내용	1급(온,오)
강사 현실	강사 현실(생계형 강사 90% 강사님 강사료가 어떻게 되나요?	1강
강사 준비 1	강사라는 직업을 시작하려는 분들 준비, 학습, 연습, 훈련!	2강-1부
강사 준비 2	강사라는 직업을 시작하려는 분들 준비, 학습, 연습, 훈련!	3강-2부
강사 준비 3	강사라는 직업을 시작하려는 분들 준비, 학습, 연습, 훈련!	4강-3부
1년차 ~ 3년차	1년차 ~ 3년차 경력 있는 강사들 준비, 학습, 연습, 훈련!	5강
3년차 ~ 5년차	3년차 ~ 5년차 경력 있는 강사들 준비, 학습, 연습, 훈련!	6강
5년차 ~ 10년차 1	5년차 ~ 10년차 이상 경력 있는 강사들 준비, 학습,연습, 훈련!	7강-1부
5년차 ~ 10년차 2	5년차 ~ 10년차 이상 경력 있는 강사들 준비, 학습, 연습, 훈련!	8강-2부
5년차 ~ 10년차 3	5년차 ~ 10년차 이상 경력 있는 강사들 준비, 학습,연습, 훈련!	9강-3부
5년차 ~ 10년차 4	5년차 ~ 10년차 이상 경력 있는 강사들 준비, 학습,연습, 훈련!	10강-4부
강의, 강사 트렌드	교육담당자, 청중, 학습자가 원하는 강의 강사 트렌드! 2022년 부터 ~ 2150년 강의, 강사 트렌드!	11강
코칭전문가	코칭전문가 10계명(품위유지의무)	12강

"국가등록 민간자격"

★ 자격증명: 강사코칭전문가 2급, 1급
★ 등록번호: 2022-001741
★ 주무부처: 교육부
★ 자격증 종류: 모바일 자격증

강사코칭전문가2급
필기/실기

강사코칭전문가2급 필기시험/실기시험

#. 자격증 검증비, 발급비 50,000원 발생
  (입금 확인 후 시험 응시 가능)

▶ 1강~11강(객관식) : (10문제 = 6문제 합격)

▶ 12강(주관식) : (10문제 = 6문제 합격)

▶ 시험 응시자 문자, 메일 제목에 자기계발코칭전문
  가2급 시험 응시합니다.
  최보규 010-6578-8295 / nice5889@naver.com

▶ 네이버 폼으로 문제를 보내주면 1주일 안에 제출!
  합격 여부 1주일 안에 메일, 문자로 통보!
  100점 만점에 60점 안되면 다시 제출!

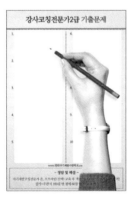

강사코칭전문가1급 필기/실기

강사코칭전문가1급 필기시험/실기시험

강사코칭전문가2급 취득 후 온라인 (줌)1:1, 오프라인1:1 선택! 강사 종합검진후 맞춤 집중 코칭! 2급과 동일하게 필기시험, 실기시험(코칭 비용 상담)

강사코칭전문가1급 기출문제

강사코칭전문가1급 실기(주관식)

강사코칭전문가2급 커리큘럼

클래스명	내용	1급(온,오)
강사 현실	강사 현실(생계형 강사 90% 강사님 강사료가 어떻게 되나요?	1강
강사 준비 1	강사라는 직업을 시작하려는 분들 준비, 학습, 연습, 훈련!	2강-1부
강사 준비 2	강사라는 직업을 시작하려는 분들 준비, 학습, 연습, 훈련!	3강-2부
강사 준비 3	강사라는 직업을 시작하려는 분들 준비, 학습, 연습, 훈련!	4강-3부
1년차 ~ 3년차	1년차 ~ 3년차 경력 있는 강사들 준비, 학습, 연습, 훈련!	5강
3년차 ~ 5년차	3년차 ~ 5년차 경력 있는 강사들 준비, 학습, 연습, 훈련!	6강
5년차 ~ 10년차 1	5년차 ~ 10년차 이상 경력 있는 강사들 준비, 학습,연습, 훈련!	7강-1부
5년차 ~ 10년차 2	5년차 ~ 10년차 이상 경력 있는 강사들 준비, 학습,연습, 훈련!	8강-2부
5년차 ~ 10년차 3	5년차 ~ 10년차 이상 경력 있는 강사들 준비, 학습,연습, 훈련!	9강-3부
5년차 ~ 10년차 4	5년차 ~ 10년차 이상 경력 있는 강사들 준비, 학습,연습, 훈련!	10강-4부
강의, 강사 트렌드	교육담당자, 청중, 학습자가 원하는 강의 강사 트렌드! 2022년 부터 ~ 2150년 강의, 강사 트렌드!	11강
코칭전문가	코칭전문가 10계명(품위유지의무)	12강

강사코칭전문가1급 커리큘럼

클래스명	내용	1급(온,오)
집중 기법	강의 시작 동기부여 강의 집중 기법	1강
SPOT 기법	아이스브레이킹 기법 (SPOT+메시지기법)	2강
스토리텔링 기법	집중기법+스토리텔링 기법	3강
강사료UP	강사료 올리는 방법! 강사 인성, 매너, 개념, 멘탈 교육	4강
강의트랜드	담당자, 청중, 학습자가 원하는 강의기법 트랜드	5강

삼성이 검증된 100가지 기술력

(진정성, 전문성, 신뢰성)   www.방탄자기계발사관학교.com

1	방탄 자존감 코칭 기술	13	방탄 강사 코칭 기술	25	방탄 리더십 코칭 기술	37	종이책 쓰기 코칭 기술
2	방탄 자신감 코칭 기술	14	방탄 강의 코칭 기술	26	방탄 인간관계 코칭 기술	38	PDF책 쓰기 코칭 기술
3	방탄 자기관리 코칭 기술	15	파워포인트 코칭 기술	27	방탄 인성 코칭 기술	39	PPT로 책 출간 코칭 기술
4	방탄 자기계발 코칭 기술	16	강사 트레이닝 코칭 기술	28	방탄 사랑 코칭 기술	40	자격증교육 커리큘럼으로 책 출간 코칭 기술
5	방탄 멘탈 코칭 기술	17	강사 스킬UP 코칭 기술	29	스트레스 해소 코칭 기술	41	자격증교육 커리큘럼으로 영상 제작 코칭 기술
6	방탄 습관 코칭 기술	18	강사 인성, 멘탈 코칭 기술	30	힐링, 웃음, FUN 코칭 기술	42	책으로 디지털콘텐츠 제작 코칭 기술
7	방탄 긍정 코칭 기술	19	강사 습관 코칭 기술	31	마인드컨트롤 코칭 기술	43	책으로 온라인콘텐츠 제작 코칭 기술
8	방탄 행복 코칭 기술	20	강사 자기계발 코칭 기술	32	사명감 코칭 기술	44	책으로 네이버 인물등록 코칭 기술
9	방탄 동기부여 코칭 기술	21	강사 자기관리 코칭 기술	33	신념, 열정 코칭 기술	45	책으로 강의 교안 제작 코칭 기술
10	방탄 정신교육 코칭 기술	22	강사 양성 코칭 기술	34	팀워크 코칭 기술	46	책으로 민간 자격증 만드는 코칭 기술
11	꿈 코칭 기술	23	강사 양성 과정 코칭 기술	35	협동, 협업 코칭 기술	47	책으로 자격증과정 8시간 제작 코칭 기술
12	목표 코칭 기술	24	퍼스널브랜딩 코칭 기술	36	버킷리스트 코칭 기술	48	책으로 유튜브 콘텐츠 제작 코칭 기술

49	유튜브 시작 코칭 기술	**62**	유튜브 영상 홍보 코칭 기술	**75**	클래스101 영상 입점 코칭 기술	**88**	클래스U 영상 편집 코칭 기술
50	유튜브 자존감 코칭 기술	**63**	홈페이지 무인시스템 연결 제작 코칭 기술	**76**	클래스101 PDF 입점 코칭 기술	**89**	클래스U 이미지 디자인 제작 코칭 기술
51	유튜브 멘탈 코칭 기술	**64**	홈페이지 자동 결제 시스템 제작 코칭 기술	**77**	클래스101 이미지 디자인 제작 코칭 기술	**90**	클래스U 커리큘럼 제작 코칭 기술
52	유튜브 습관 코칭 기술	**65**	홈페이지 비메오 연결 제작 코칭 기술	**78**	클래스101 영상 제작 코칭 기술	**91**	인클 입점 코칭 기술
53	유튜브 목표, 방향 코칭 기술	**66**	홈페이지 렌탈 시스템 제작 코칭기술	**79**	클래스101 영상 편집 코칭 기술	**92**	자신 분야 콘텐츠 제작 코칭 기술
54	유튜브 동기부여 코칭 기술	**67**	홈페이지 디자인 제작 코칭 기술	**80**	탈잉 영상 입점 코칭 기술	**93**	자신 분야 콘텐츠 컨설팅 코칭 기술
55	유튜브가 아닌 나튜브 코칭 기술	**68**	홈페이지 제작 코칭 기술	**81**	탈잉 PDF 입점 코칭 기술	**94**	자기계발코칭전문가 1시간~1년 코칭 기술
56	유튜브 영상 제작 코칭 기술	**69**	재능마켓 크몽 PDF 입점 코칭 기술	**82**	탈잉 이미지 디자인 제작 코칭 기술	**95**	강사코칭전문가 1시간~1년 코칭 기술
57	유튜브 영상 편집 코칭 기술	**70**	재능마켓 크몽 강의 입점 코칭 기술	**83**	탈잉 영상 제작 코칭 기술	**96**	온라인 건물주 되는 코칭 기술
58	유튜브 울렁증 극복 코칭 기술	**71**	재능마켓 크몽 이미지 디자인 제작 코칭 기술	**84**	탈잉 영상 편집 코칭 기술	**97**	강사 1:1 코칭기법 코칭 기술
59	유튜브 썸네일 디자인 제작 코칭 기술	**72**	재능마켓 크몽 입점 영상 제작 코칭 기술	**85**	탈잉 VOD 입점 코칭 기술	**98**	전문 분야 있는 사람 1:1 코칭 기법 코칭 기술
60	유튜브 콘텐츠 제작 코칭 기술	**73**	재능마켓 크몽 입점 영상 편집 코칭 기술	**86**	클래스U 영상 입점 코칭 기술	**99**	CEO, 대표, 리더, 협회장 품위유지의무 코칭 기술
61	유튜브 수입 연결 제작 코칭 기술	**74**	재능마켓 크몽 VOD 입점 코칭 기술	**87**	클래스U 영상 제작 코칭 기술	**100**	은퇴 준비 코칭 기술

세계 최초! 우주 책임감 150년 A/S, 관리, 피드백
최보규 대표 010- 6578-8295

한 분야 전문가로는 힘든 시대! 온라인 건물주!
자신 분야 삼성(진정성, 전문성, 신뢰성)을 높여
제2수입, 제3수입 발생시켜 은퇴 후 30년을 준비하자!

최보규 방탄자기계발 전문가

삼성이 검증된 자기계발 기술 책

(진정성, 전문성, 신뢰성) www.방탄자기계발사관학교.com

강사분야	강의분야	멘탈분야	행복분야	습관분야	자존감분야1

자존감분야2	자존감분야3	자기계발분야1	자기계발분야2	자기계발분야3	자기계발분야4

코칭전문가1	코칭전문가2	코칭전문가3	코칭전문가4	코칭전문가5	코칭전문가6

최보규 방탄자기계발 전문가

검증된 클래스101 디지털콘텐츠

 CLASS101   Q

방탄자기계발| ⊗   취소

≡   **Creator Center**

상품명 검색   Q

 방탄 자기계발! 자기계발 시스템!
● 판매 중 · 원포인트 클래스 · 공개   **1**

 방탄 자존감 스펙 쌓기! 자존감 사용 설명서!
● 판매 중 · 원포인트 클래스 · 공개   **2**

방탄 사랑 스펙 쌓기! 사랑 사용 설명서!
● 판매 중 · 원포인트 클래스 · 공개   **3**

습관사용설명서 습관 클래스
● 판매 중 · 원포인트 클래스 · 공개   **4**

검증된 클래스101 디지털콘텐츠

 CLASS101 　　Q

방탄자기계발 |　　　　　 취소

 Creator Center　　

 자기계발백과사전
● 판매 중 · 전자책 · 공개　　**6**

 방탄자존감! 자존감 사전!
● 판매 중 · 전자책 · 공개　　**7**

 방탄자존감! 자존감 사용설명서!
● 판매 중 · 전자책 · 공개　　**8**

 강사 백과사전! 강사 사용설명서!
● 판매 중 · 전자책 · 공개　　**9**

 행복도 스펙이다! 행복 사용설명서!
● 판매 중 · 전자책 · 공개　　**10**

검증된 크몽 디지털콘텐츠

  kmong

어떤 전문가를 찾으시나요?

> 🔍 최보규

#395236

온라인 건물주 되는 방법 알려
드립니다.

300,000원 **1**

#354416

방탄자존감 학습, 연습, 훈련시켜
드립니다.

20,000원 **2**

#361095

자기계발 학습, 연습, 훈련시켜
드립니다.

30,000원 **3**

kmong

#294884

행복 사용 설명서로 행복케어
멘탈케어 코칭해 드립니다.

20,000원

4

#339149

인생의 산소 자존감 학습, 연습,
훈련시켜 드립니다.

20,000원

5

#324745

방탄습관 사용설명서,
습관백과사전, 습관코칭해 드립...

20,000원

6

#289339

강사의 모든 것 강사 백과사전,
강사 사용설명서를 드립니다.

20,000원

7

최보규

1

📖 전자책

[튜터전자책]방탄자존감
사전1,2 / 134P+106P

자기 관리 · 최보규

20,000원

2

📖 전자책

[튜터전자책]습관백과사전/
방탄습관1=131P ....

인문·교양 · 최보규

20,000원

3

📖 전자책

[튜터전자책]행복공식1=138
P . 행복공식2=145P)

인문·교양 · 최보규

22,000원

4

🎥 녹화영상

당신도 온라인 건물주.
자기계발코칭전문가.영상...

인문·교양 · 최보규

210,000원

최보규 방탄자기계발 전문가

검증된 클래스U 디지털콘텐츠

자기계발코칭전문가 자격증
13강(자격증 발급), 1:1 코칭 연결

CLASSU 　　　　클래스 개설　　로그인

\# 무엇을 배우고 싶나요?　　　　　　Q

← 　최보규　　　　　　　　　　　⊗

클래스 2개　　　　　　　　　↑↓ 정확도순

참 쉽죠! 온라인 건물주!
최보규
월 70,000원　　**1**

방탄사랑! 사랑 사용 설명서!
사랑도 스펙이다!
최보규
월 50,000원　　**2**

최보규 방탄자기계발 전문가

검증된 교보문고 종이책

**책 1,000권 독서 보다
자신 책 한 권 출간이 인생을 더 바꾼다!
최고의 독서는 책 출간이다!**

KYOBO 교보문고

최보규

상품

1

[국내도서] 방탄자기계발 사관학
교 II (컬러판) [POD]

~~15,300~~원

⬇ 0% Ⓟ 450원

🍀 10

2

[국내도서] 나다운 방탄자존감 명
언I (컬러판) [POD]

~~15,100~~원

⬇ 0% Ⓟ 450원

🍀 10

3

[국내도서] 나다운 방탄습관블록
(컬러판) [POD]

26,500원

⬇ 0%　ℙ 790원

🍀 10

4

[국내도서] 나다운 방탄 카피 사
전 (컬러판) [POD]

16,900원

⬇ 0%　ℙ 500원

🍀 10

5

[국내도서] 행복히어로 (컬러판)
[POD]

23,000원

⬇ 0%　ℙ 690원

🍀 10

6

[국내도서] 나다운 방탄멘탈 : 하
루가 멀다하고 내 멘탈을 흔드는
세상속 <나다운 방탄멘탈>로|...

15,120원

⬇ 10%　ℙ 840원

🍀 10

< 최보규

7

[국내도서] 나다운 강사 1 : 강사 내비게이션

13,500원

⬇ 10% Ⓟ 750원

🍀 10

8

[국내도서] 방탄자기계발 사관학교 IV (컬러판) [POD]

13,500원

⬇ 0% Ⓟ 400원

🍀 10

9

[국내도서] 나다운 강사 2 : 강사 사용 설명서

13,500원

⬇ 10% Ⓟ 750원

🍀 10

10

[국내도서] 방탄자기계발 사관학교 III (컬러판) [POD]

15,400원

⬇ 0% Ⓟ 460원

🍀 10

검증된 교보문고 종이책

〈　최보규　　　　　　　　　🛒

11

[국내도서] 나다운 방탄자존감 명
언Ⅱ (컬러판) [POD]

15,400원

⊕ 0%　ℙ 460원

🍀 10

12

[국내도서] 방탄자기계발 사관학
교l(컬러판) [POD]

16,900원

⊕ 0%　ℙ 500원

🍀 10

책을 출간한다고 전문가가 되는 건 아니지만 전문가들은 자신 전문 분야 책이 2~3권이 있다!

검증된 교보문고 eBook

KYOBO eBook

최보규방탄자기계발전문가

 서점

100%

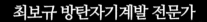

최보규 방탄자기계발 전문가

인고의 시간을 거쳐 쌓은 소중한 자신 분야 경력을
왜? 썩히고 있는가?
쌓은 경력으로 온라인 건물주가 될 수 있다?

자신 분야를 방탄자기계발과 연결 수입 창출!

자신 분야

방탄자기계발
몸값 상승

책 출간
(종이책, PDF)
(인세 유산)

멘토가 150년
A/S, 관리

디지털콘텐츠
수입(100년)

불특정 다수와
비즈니스 연결

온라인콘텐츠
수입(100년)

코칭 수입
(100년)

온라인 건물주
(월세, 연금성)

재능 마켓
수입(100년)

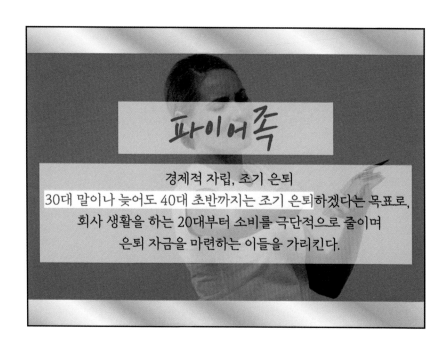

파이어족

경제적 자립, 조기 은퇴
30대 말이나 늦어도 40대 초반까지는 조기 은퇴하겠다는 목표로,
회사 생활을 하는 20대부터 소비를 극단적으로 줄이며
은퇴 자금을 마련하는 이들을 가리킨다.

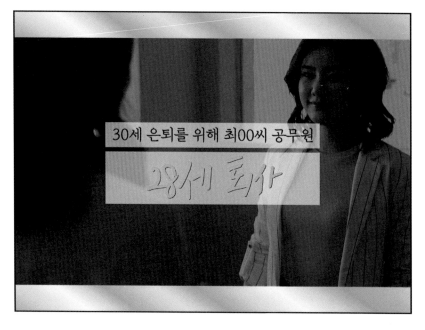

30세 은퇴를 위해 최OO씨 공무원

28세 회사

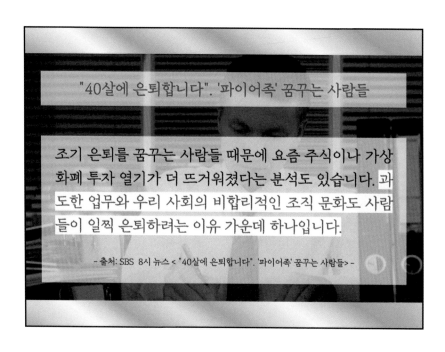

"40살에 은퇴합니다". '파이어족' 꿈꾸는 사람들

조기 은퇴를 꿈꾸는 사람들 때문에 요즘 주식이나 가상 화폐 투자 열기가 더 뜨거워졌다는 분석도 있습니다. 과도한 업무와 우리 사회의 비합리적인 조직 문화도 사람들이 일찍 은퇴하려는 이유 가운데 하나입니다.

- 출처: SBS 8시 뉴스 < "40살에 은퇴합니다". '파이어족' 꿈꾸는 사람들> -

이00씨 00대기업

50세 명예퇴직

희망 퇴직 73세 / 은퇴 현실 49세

55살 ~79살 1500만 명 10년 만에 500만 명이 늘었다.
연금 받는 750만 명
연금을 받더라도 턱없이 부족한 69만 원이다.
1인 가구 최저생계비 116만 원.

- 출처: KBS 뉴스데스크 < 55세~79세 1,500만 명, 은퇴했지만 생활비 벌려고...> -

희망 퇴직 73세 / 은퇴 현실 49세

사람들은 평균 73세까지 일하길 희망했지만, 현실은 거리가 멉니다.
가장 오래 다닌 직장에서 그만둔 나이는 평균 49세.
사업 부진, 휴·폐업, 권고사직이나 명예퇴직 등
10명 중 4명은 자기 뜻과 상관없이 그만뒀습니다.

- 출처: KBS 뉴스데스크 < 55세~79세 1,500만 명, 은퇴했지만 생활비 벌려고...> -

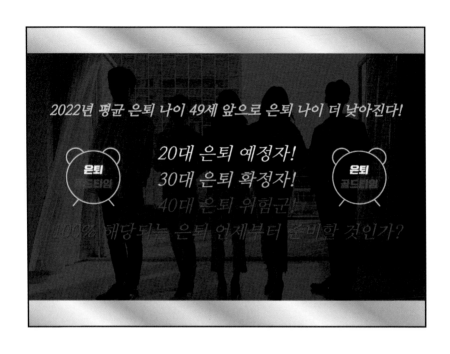

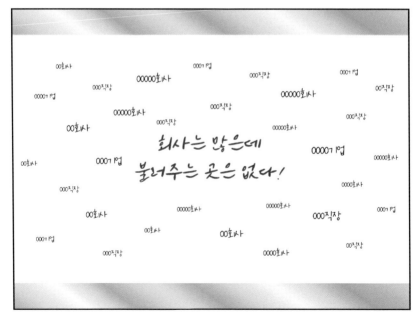

00호사 0000기업 000직장 0000기업 00호사
000직장 00000호사 000직장 00000호사 00직장
0000기업 000직장 00000호사
00000호사 000직장 00호사
00호사 00000호사

10년, 20년 경력... 인정해 주는 곳은 없고 0000기업
어떻게 하면 활용, 연결할 수 있을까?

00호사 0000기업 00000호사 0000기업 00000호사
000직장 00000호사 00000호사 0000기업
00호사 00000호사 000직장
0000기업 00호사 00호사
000직장 00000호사 000직장

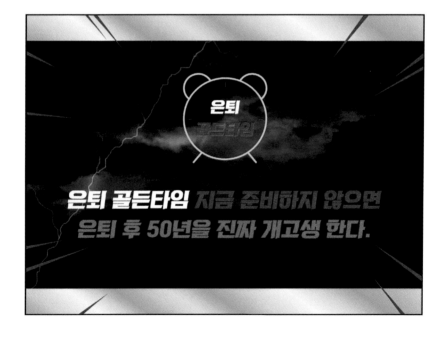

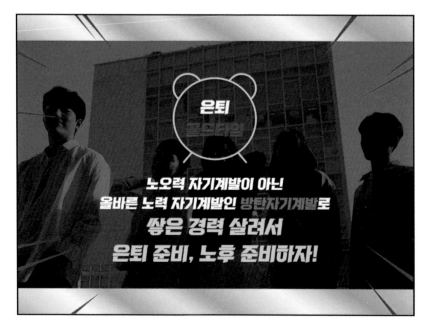

100만 프리랜서들의 고민 베스트 3
1. 움직이지 않으면 돈을 벌 수 없는 현실!
2. 고정적인 수입 발생이 어려운 현실!
3. 프리랜서 비수기 평균 5개월인 현실!

자신 분야로
움직이지 않아도, 5개월 비수기 때도
고정적인 월세, 연금처럼 수입이
100년(자녀에게 유산으로 줄 수 있는 수입) 발생하는
시스템을 소개합니다!

집중하세요!

사무실이 필요 없는 시스템!

직원이 필요 없는 시스템!

휴식 중에도 돈이 들어오는 시스템!

가족들과 여행 중에도 돈이 벌리는 시스템!

자고 일어나면 통장에 돈이 입금되는 시스템!

누구나 바라는 시스템이지만 아무나 만들 수 없고
만들고 싶어도 몇 천만원이 들어가는 시스템!

최보규원장이 그 마음 알기에 함께 잘 먹고 잘 살기 위해
지금 현실, 앞으로 힘든 시기를 극복하는 터닝포인트 기회를 드립니다!

조물주 위에 건물주
다음 생에도 힘든 온라인 건물주가 되세요.

방탄자기계발 컨트롤타워에서
온라인 타워팰리스 분양받으세요!

분양 받기 어렵겠지?

비용이 많이 들겠지?

NOPE

NOPE

프리랜서 힘들죠? 지치죠?
전문 분야를 만들어 제대로 인정 받고 싶죠?
전국 돌아다니다 보니 몸이 성한 곳이 없죠?
나이가 많아서 불러 주는 사람이 점점 줄어 들고
자신 분야 프리랜서 직업의 미래가 불안하시죠?

100만 명 프리랜서 들의 걱정, 고민 들
세계 최초 자기계발 쇼핑몰을 창시한
최보규 원장이 그 마음들 알기에 함께 잘 살기 위한 시스템인
자기계발아마존에서 극복할 수 있습니다.

자기계발 아마존! 홈페이지 통합!
(자동 결제 홈페이지 렌탈 서비스!)

언제까지 몸으로만 일 할 것인가?

홈페이지가 일하게 하자! 콘텐츠가 일하게 하자!
자동화시스템이 일하게 하자! 자기계발 아마존 초이스!

NAVER 방탄자기계발사관학교	▶ YouTube 방탄자기계발	Google 자기계발아마존	NAVER 최보규

9가지 비교 항목	A사 (플렛폼)	B사 (플렛폼)	C사 (플렛폼)	자기계발 아마존
홈페이지 초기 제작 비용 / 매달 비용	무료 매달 3~10만 원	100~200만 원 매달 3~10만 원	200~300만 원 매달 3~10만 원	무료 매달 5만 원
홈페이지 운영, 관리	전문가비용 100~200만 원	전문가비용 100~200만 원	전문가 비용 100~200만 원	무료
자동 / 무인 결제시스템	X (시스템 없음)	제작 비용 100~200만 원	제작 비용 100~200만 원	무료
디지털 콘텐츠 제작 촬영, 편집, 상세디자인	X (시스템 없음)	제작 비용 100~200만 원	제작 비용 200~300만 원	무료
디지털 콘텐츠 운영 비용 (매달 비용)	X (시스템 없음)	매달 3~10만 원	매달 3~10만 원	매달 5만 원
협업을 통한 회원 모집, 교류 시스템	X (시스템 없음)	X (시스템 없음)	X (시스템 없음)	홈페이지 통합 시스템으로 협업으로회원을 모집, 교류, 공유
콘텐츠 개발, 연결 (제2, 제3, 제4 수입 창출)	X (시스템 없음)	X (시스템 없음)	제작 비용 500~1,000만 원	무료 컨설팅 (기획, 제작) 콘텐츠에 따라 비용 발생
A/S, 관리, 피드백	1년~2년	1년~2년	1년~2년	150년 무료
총 비용	초기 비용 100~200만 원 매달 비용 3~10만 원	초기 비용 500~1,000만 원 매달 비용 5~20만 원	초기 비용 1,000~2,000만 원 매달 비용 5~20만 원	초기 비용 무료 매달 비용 5~10만 원

1. 자기계발 아마존! 홈페이지 렌탈서비스는 차별화가 아닌 초월이다!

NAVER 방탄자기계발사관학교	▶YouTube 방탄자기계발	Google 자기계발아마존	NAVER 최보규

1. 초월 항목	A사 (플렛폼)	B사 (플렛폼)	C사 (플렛폼)	자기계발 아마존
홈페이지 초기 제작 비용 매달 비용 (서버 비용)	무료 매달 3~10만 원	100~200만 원 매달 3~10만 원	200~300만 원 매달 3~10만 원	**무료** 매달 5만 원

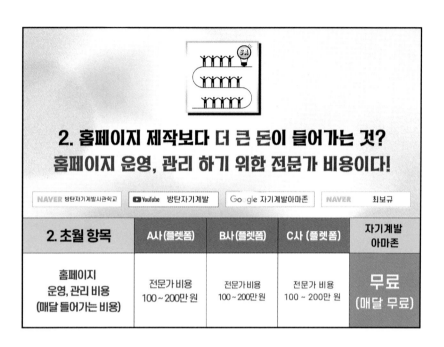

2. 홈페이지 제작보다 더 큰 돈이 들어가는 것?
홈페이지 운영, 관리 하기 위한 전문가 비용이다!

NAVER 방탄자기계발사관학교	▶YouTube 방탄자기계발	Google 자기계발아마존	NAVER 최보규

2. 초월 항목	A사(플렛폼)	B사(플렛폼)	C사 (플렛폼)	자기계발 아마존
홈페이지 운영, 관리 비용 (매달 들어가는 비용)	전문가 비용 100~200만 원	전문가 비용 100~200만원	전문가 비용 100 ~ 200만 원	무료 (매달 무료)

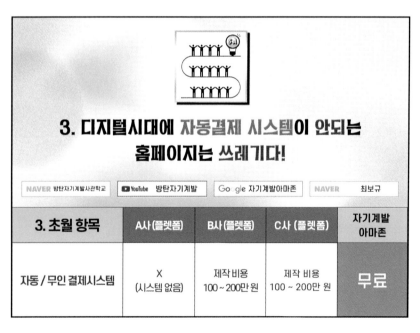

3. 디지털시대에 자동결제 시스템이 안되는
홈페이지는 쓰레기다!

NAVER 방탄자기계발사관학교	▶YouTube 방탄자기계발	Google 자기계발아마존	NAVER 최보규

3. 초월 항목	A사(플렛폼)	B사(플렛폼)	C사 (플렛폼)	자기계발 아마존
자동 / 무인 결제시스템	X (시스템 없음)	제작 비용 100~200만원	제작 비용 100 ~ 200만 원	무료

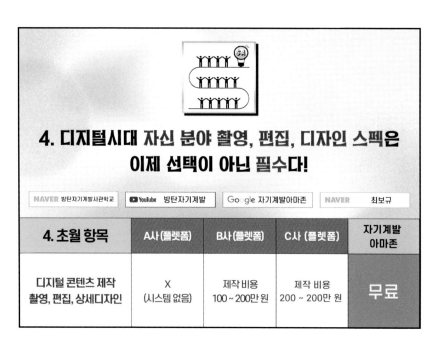

4. 디지털시대 자신 분야 촬영, 편집, 디자인 스펙은 이제 선택이 아닌 필수다!

4. 초월 항목	A사 (플렛폼)	B사 (플렛폼)	C사 (플렛폼)	자기계발 아마존
디지털 콘텐츠 제작 촬영, 편집, 상세디자인	X (시스템 없음)	제작 비용 100~200만 원	제작 비용 200~200만 원	무료

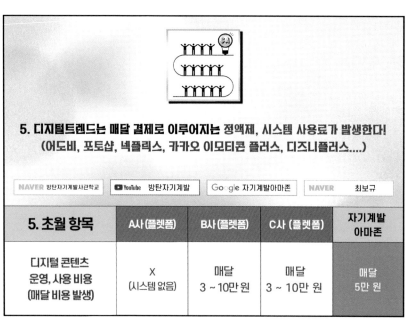

5. 디지털트렌드는 매달 결제로 이루어지는 정액제, 시스템 사용료가 발생한다! (어도비, 포토샵, 넥플릭스, 카카오 이모티콘 플러스, 디즈니플러스....)

5. 초월 항목	A사 (플렛폼)	B사 (플렛폼)	C사 (플렛폼)	자기계발 아마존
디지털 콘텐츠 운영, 사용 비용 (매달 비용 발생)	X (시스템 없음)	매달 3~10만 원	매달 3~10만 원	매달 5만 원

6. 협회, 단체, 단톡방, 밴드... 많은 모임들을 한 곳에서 자유롭게 교류, 모집, 콘텐츠 공유를 통해 고립되고 있는 모임들 활성화!

NAVER 방탄자기계발사관학교　▶YouTube 방탄자기계발　Google 자기계발아마존　NAVER 최보규

6. 초월 항목	A사 (플렛폼)	B사 (플렛폼)	C사 (플렛폼)	자기계발 아마존
협업을 통한 회원 모집, 교류 시스템	X (시스템 없음)	X (시스템 없음)	X (시스템 없음)	홈페이지 통합 시스템 협업으로 회원을 모집, 교류, 공유

7. 앞으로는 자신 분야 한 가지 콘텐츠로 살아남지 못한다. 자신 분야를 연결시킬 수 있는 3 ~ 5개 콘텐츠를 개발하여 무인 시스템이 되는 콘텐츠로 연결시켜 제2, 제3, 제4 수입 창출하자!

NAVER 방탄자기계발사관학교　▶YouTube 방탄자기계발　Google 자기계발아마존　NAVER 최보규

7. 초월 항목	A사 (플렛폼)	B사 (플렛폼)	C사 (플렛폼)	자기계발 아마존
콘텐츠 개발, 연결 (제2, 제3, 제4 수입 창출)	X (시스템 없음)	X (시스템 없음)	제작 비용 500 ~ 1,000만 원	무료 컨설팅 (기획, 제작) 콘텐츠에 따라 비용 발생

8. 114처럼 언제든지 물어볼 수 있는
삼성(진정성, 전문성, 신뢰성)이 검증된 전문가가
150년 함께 한다면 자신 분야에서 인정, 변화, 성장할 것이다!

NAVER 방탄자기계발사관학교　　▶YouTube 방탄자기계발　　Google 자기계발아마존　　NAVER　　최보규

8. 초월 항목	A사 (플렛폼)	B사 (플렛폼)	C사 (플렛폼)	자기계발 아마존
A/S, 관리, 피드백	1년 ~ 2년	1년 ~ 2년	1년 ~ 2년	150년 무료

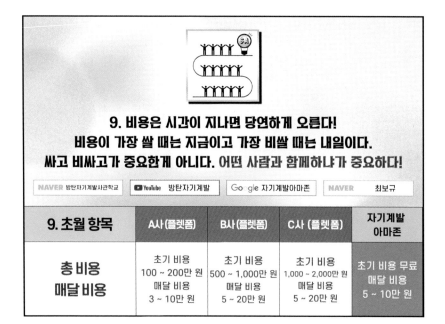

9. 비용은 시간이 지나면 당연하게 오른다!
비용이 가장 쌀 때는 지금이고 가장 비쌀 때는 내일이다.
싸고 비싸고가 중요한게 아니다. 어떤 사람과 함께하냐가 중요하다!

NAVER 방탄자기계발사관학교　　▶YouTube 방탄자기계발　　Google 자기계발아마존　　NAVER　　최보규

9. 초월 항목	A사 (플렛폼)	B사 (플렛폼)	C사 (플렛폼)	자기계발 아마존
총 비용 매달 비용	초기 비용 100 ~ 200만 원 매달 비용 3 ~ 10만 원	초기 비용 500 ~ 1,000만 원 매달 비용 5 ~ 20만 원	초기 비용 1,000 ~ 2,000만 원 매달 비용 5 ~ 20만 원	초기 비용 무료 매달 비용 5 ~ 10만 원

디지털 플랫폼	디지털 콘텐츠 수입 발생 (무인 시스템)	100년 월세, 연금 발생
자기계발아존 1층 ~ 3층	온라인 건물주 되는 자격증 교육! 온라인 자기계발코칭전문가2급 자존감, 멘탈, 습관, 행복, 사랑, 웃음, 강사, 책쓰기, 유튜버 9개 분야 코칭	자격증, 재교육, 강사섭외, 코칭 종이책, 전자책 수입 발생
클래스유 4층	자신 분야 삼성(진정성, 전문성, 신뢰성)을 높여 제2수입, 3수입 올리는 방탄자기계발	영상, 자격증, 강사섭외, 코칭 종이책, 전자책 수입 발생
클래스101 5층 ~ 15층	강사 분야, 사랑 분야, 습관 분야, 자존감 분야, 행복 분야, 자기계발 분야 영상 원포인트 클래스 / 전자책	영상, 강사섭외, 코칭 종이책, 전자책 수입 발생
크몽 16층 ~ 22층	강사 분야, 사랑 분야, 습관 분야, 자존감 분야, 행복 분야, 자기계발 분야 영상 / 코칭 / 전자책	영상, 자격증, 강사섭외, 코칭 종이책, 전자책 수입 발생
탈잉 23층 ~ 25층	자존감 분야, 습관 분야, 행복 분야 / 전자책	강사섭외, 코칭 종이책, 전자책 수입 발생
인클 26층	4차 산업시대는 4차 자기계발인 방탄자기계발	영상, 자격증, 강사섭외, 코칭 종이책, 전자책 수입 발생
디지털 서점 27층 ~ 50층	출간 한 12권 자기계발서 종이책 , 전자책	검증된 전문가 강사료 10배 상승

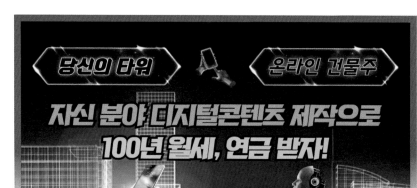

당신의 타워 **온라인 건물주**

자신 분야 디지털콘텐츠 제작으로 100년 월세, 연금 받자!

언제까지! 몸으로만 일 할 것인가?

자신 분야 무인시스템!
자신 분야 디지털콘텐츠(AI)가 일하게 하자!

전문 분야가 없는데도 가능한가요?

20,000명 상담, 코칭 한
검증된 최보규 전문가가 전문 분야를 만들어 줍니다.

전문 분야는 있는데 엄두가 안 나요?

20,000명 상담, 코칭 한 검증된 최보규 전문가가
맞춤 컬설팅으로 목표, 방향을 잡아 줍니다.

당신의 타워

온라인 건물주

자신 분야 디지털콘텐츠 제작으로
100년 월세, 연금 받자!

자신 분야 책을 출간해서 전문가 될 수 있나요?

자기계발 책 12권 출간해서 50개 디지털콘텐츠로
제작한 노하우를 전수해 드립니다.

출간한 책이 있는데 디지털콘텐츠 만들 수 있나요?

자기계발 책 12권 출간해서 50개 디지털콘텐츠로
제작한 노하우를 전수해 드립니다.

**책 쓰기만, 책 출간만 하는 것이 아닌
디지털콘텐츠 제작, 홍보 영상 제작, 책으로 강의 교안 작업
모두 할 수 있는 책 출간 가능한가요?**

책 쓰기, 책 출간만 하고 끝나는 것 이 아닌
책으로 할 수 있는 모든 것을 책 쓰기 시작할 때 함께 합니다!
그래서 몇 천 들어가는 비용을 10배 줄여 줍니다.

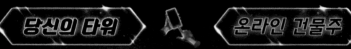

당신의 타워 **온라인 건물주**

자신 분야 디지털콘텐츠 제작으로
100년 월세, 연금 받자!

출간한 책으로 강사직업을 할 수 있나요?

책을 출간하면 작가라는 타이틀이 생기고 출간한
책을 교안으로 만들어서 강사 직업까지 할 수 있습니다.
강사 직업 시작 ~ 100년 차 까지 년차별 준비!

강사 직업을 배울 수 있나요? 강사료를 올리고 싶어요?

대한민국 최초 강사 백과사전, 강사 사용설명서를
창시한 검증된 강사 양성 전문가가 강사 직업
시작 ~ 100년 차까지 연차별 트레이닝 시켜 줍니다.

디지털 시대에 가장 중요한 3가지 스펙! 배울 수 있나요?

영상 촬영 편집 기술, 홍보 디자인 제작 기술, 온라인. 디지털 콘텐츠 제작 기술

자기계발 책 12권 출간해서 50개 디지털콘텐츠로
제작한 노하우를 전수해 드립니다.

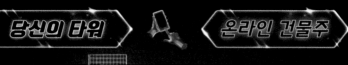

자신 분야 디지털콘텐츠 제작으로
100년 월세, 연금 받자!

등록한 민간자격증으로 디지털콘텐츠 만들 수 있나요?

한번 제작한 영상으로 평생 수입을
낼 수 있는 디지털콘텐츠 제작할 수 있습니다.

등록한 민간자격증으로 책을 출간할 수 있나요?

자격증 교육 과정 커리큘럼이 있다면
책 출간 80%는 끝났습니다.

강의 분야로 PPT교안으로 책을 출간할 수 있나요?

PPT교안이 있다면
책 출간 80%는 끝났습니다.

자신 분야 디지털콘텐츠 제작으로
100년 월세, 연금 받자!

늘 그때 뿐인 교육 아닌가요?

우주 최강 책임감! 검증된 최보규전문가가
150년 A/S, 관리, 피드백 함께합니다:

살아온 날로 살아갈 날단정 짓지 말자!

자신을 못 믿겠다면 자신을 믿어주는
최보규 방탄자기계발 전문가를 믿고 시작합시다!

강한 사람, 우수한 사람이 살아 남는 게 아니라
시대에 맞게 변화하는 사람만 살아남는다!

보여줄게! 완전히 달라진 나~~ 보여주세요!

자신이 누구인지!

자격증 수입 발생 8단계 시스템

일반 자격증(99,99%) VS 방탄자기계발사관학교

일반 자격증(99,99%)	수입 창출 8단계 시스템	방탄자기계발사관학교
10,000개 기관 (등록된 민간 자격증)	수입 창출 8단계 시스템	방탄자기계발사관학교 (등록된 민간 자격증)
오프라인 교육 외 수입 발생 없음	오프라인 수입	오프라인 교육과 디지털, 온라인 콘텐츠 연결 수입 발생
기관대 기관 자격증 교류 극 소수	타기관 자격증 과 협업 수입	기관 대 기관 전문 분야 자격증 과정 교류를 통한 수입 발생
없음 (X) / 비수기 있음	무인 재교육 수입 월세, 연금성 수입	자기계발아마존 무인시스템 비수기가 없음 (사무실, 직원 없음)
없음 (X)	디지털 콘텐츠 월세, 연금성 수입	자격증 과정 영상 제작으로 재능마켓 판매 (클래스101, 클래스유, 크몽, 탈잉, 자기계발 아마존, 오투잡, 인클....)
없음) (X)	온라인 콘텐츠 수입	자기계발 아마존 온라인 시스템 제작한 영상으로 온라인 수입 발생
없음 (X)	자격증 1:1 코칭 수입	코칭전문가 커리큘럼을 통한 특별, 심화, 1:1 코칭 수입 발생
없음 (X)	자격증 책 출간(인세)	자격증 커리큘럼으로 종이책, pdf 책 출간 평생 인세 발생
없음 (X)	홍보, 몸값 상승	재능마켓에서 자동 홍보, 책 출간으로 전문 분야 인정 강사료 상승

자존감 게임은

하루가 멀다 하고 자신 행복을 위협하는
세상, 현실, 사람들로부터
나다운 행복을 지키기 위한 자존감 게임입니다!

인생은 게임이다! 세상, 현실, 또라이분들에게
지지(당하지) 않기 위한 12 스펙은 필수!

인생은 게임이다! 세상, 현실, 또라이분들에게 지지(당하지) 않기 위한 12 스펙은 필수!

01

인생은 게임이다! 자존감 게임!

첫 번째 게임 : 방탄자존감1

NAVER 방탄카피사전

상처 케어

아픈 만큼 성숙해진다? 아프면 환자다!
아픈 것을 극복할 때 성숙해진다.
4차 산업시대에 맞는 4차 힐링, 위로, 격려
4차 자존감은 방탄자존감

02

인생은 게임이다! 자존감 게임!

두 번째 게임 : 방탄자존감2

NAVER 방탄자존감명언

자존감케어

4차 산업시대에 맞는
4차 자존감인 방탄자존감으로 업데이트
방탄자존감은 선택이 아닌 필수!

인생은 게임이다! 세상, 현실, 또라이분들에게 지지(당하지) 않기 위한 12 스펙은 필수!

03

인생은 게임이다! 자존감 게임!

첫 번째 게임 : 방탄자존감3

NAVER 방탄자존감명언

자존감케어

방탄자존감은 행복, 사랑, 돈, 인간관계, 인생, 꿈 등
이루고 싶은 것을 마법처럼 바꿔준다.
방탄자존감에 답이 있다!

04

인생은 게임이다! 자존감 게임!

네 번째 게임 : 방탄멘탈

NAVER 방탄멘탈

멘탈 케어

4차 산업시대에 맞는 4차 멘탈로 업데이트!
4차 산업시대에 생기는
우울, 스트레스는 4차 멘탈 업데이트로
치유가 아닌 치료, 극복할 수 있다.

인생은 게임이다! 세상, 현실, 또라이분들에게 지지(당하지) 않기 위한 12 스펙은 필수!

05

인생은 게임이다! 자존감 게임!

다섯 번째 게임 : 방탄습관

습관 케어

당신이 그토록 찾고 있던 습관 공식!
습관도 레고 블록처럼 쉽고, 즐겁게 쌓자!
물리학계의 천재 아인슈타인
습관계 천재 습관 아인슈타인 최보규

06

인생은 게임이다! 자존감 게임!

여섯 번째 게임 : 방탄행복

행복 케어

20,000명을 상담하면서 알게 된 사실!
당신이 행복하지 않는 이유 단언컨대
행복 학습, 연습, 훈련을 하지 않아서다.
행복도 스펙이다!

인생은 게임이다! 세상, 현실, 또라이분들에게
지지(당하지) 않기 위한 12 스펙은 필수!

07

인생은 게임이다! 자존감 게임!

일곱 번째 게임 : 방탄자기계발1

NAVER 방탄자기계발

공군사관학교, 해군사관학교, 육군사관학교는 체계적인 시스템 속에서 군인정신 학습, 연습, 훈련을 통해 정예장교(군 리더, 군사 전문가)를 육성하는 학교라면 방탄자기계발 사관학교는 체계적인 시스템 속에서 나다운 자기계발 학습, 연습, 훈련을 통해 배움, 변화, 성장으로 끝나는 것이 아닌 자신 분야 삼성(진정성, 전문성, 신뢰성)을 올리고 자신 분야를 온, 온프라인 무인 시스템과 연결시켜 비수기 없는 지속적인 수입을 올릴 수 있는 시스템을 함께 만들어가는 학교

08

인생은 게임이다! 자존감 게임!

여덟 번째 게임 : 방탄자기계발2

NAVER 방탄자기계발

자기계발 케어

세상의 자기계발 못하는 사람은 없다.
다만 자기계발 잘하는 방법을 모를 뿐이다.
4차 산업시대에 맞는 4차 자기계발은
방탄자기계발

인생은 게임이다! 세상, 현실, 또라이분들에게 지지(당하지) 않기 위한 12 스펙은 필수!

09
인생은 게임이다! 자존감 게임!
아홉 번째 게임 : 방탄자기계발3

자기계발 케어

노오력 자기계발이 아닌
올바른 노력을 통한
자생능력(스스로 할 수 있는 능력)을 향상시켜
나다운 인생, 나다운 행복을 만들 수 있다.

10
인생은 게임이다! 자존감 게임!
열 번째 게임 : 방탄자기계발4

자기계발 케어

자기계발도 시스템 안에서 해야지 자생능력이 생겨 오래
지속된다. 이제는 자기계발도 즐겁게, 쉽게, 함께
자기계발 사관학교에서 코칭 받고 150년 관리받자.

인생은 게임이다! 세상, 현실, 또라이분들에게 지지(당하지) 않기 위한 12 스펙은 필수!

11

인생은 게임이다! 자존감 게임!

열한 번째 게임 : 방탄강사

방탄강사 케어

강사는 누구나 한다!
나다운 강사는 누구도 될 수 없다.
나다운 강사만
강사 직업을 100년 한다!

12

인생은 게임이다! 자존감 게임!

열두 번째 게임 : 방탄강의

방탄강의 케어

세상의 강의 못하는 사람은 없다.
다만 강의 잘하는
방법을 모를 뿐이다.
2021 ~ 2150년 강의 트렌드

○ △ □

인 △생은게임
자 존 감 게 임

하루가 멀다 하고 자신 행복을 위협하는
세상, 현실, 사람들로부터
나다운 행복을 지키기 위한 게임입니다!

게임을 시작하고 싶다면 상담받으세요!

오징어 게임은 탈락이 있지만 자존감 게임은 탈락이 없습니다!
시작하면 150년 a/s, 관리, 피드백 **(150년 깐부)**
우주 최고 책임감으로 자기계발 주치의가 되어 드립니다.

Thank-you

올바른 노력을 안해서다?

자기계발코칭전문가

자신 분야 제2의 직업!

▶ YouTube　　　자기계발코칭전문가

← 자기계발코칭전문가　×　🎤　🔲　⋮

자기계발코칭전문가

자신 분야 제2의 직업!

3:07

 자기계발코칭전문가/경력은 스펙이 아니다! 4차 산업 시대 자신 분야 전문가 되기 위한 3가지 스펙?　⋮

▶ YouTube   자존감은 1차? 2차? 3차?

지금 인생, 내 분야, 변화하고 싶은데?
계기를 만들고 싶은데?
지금 이대로는 안되겠다고 생각만 하시죠?

지금처럼 살면 안 되는데...
지금부터 살아야 되는데...
때를 기다리면 안 되는데...
때를 만들어 가고 싶은데...

당신의 **자기계발 습관**은
어떤가요?

유튜브 자기계발 영상 100개
자기계발 강의 100개
자기계발 책 100권 보면

가능할 거라 생각하세요?
해 봤잖아요. 안되다는 거!

인생을 바꾸는 **방.탄.자.기.계.발.습.관**

기초부터 —————————

자생능력: 스스로 할 수 있는 능력

자생능력이
생길 때까지

학습·연습·훈련

방탄자기계발

1:1 코칭
한번 코칭, 회원제로
무한반복 학습·연습·훈련
세계 최초 150년 a/s, 피드백, 관리 시스템!

빠른 상담, 선택이 곧 변화, 성장, 실력 차이!

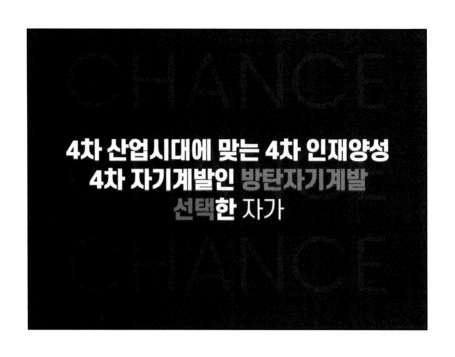

4차 산업시대에 맞는 4차 인재양성
4차 자기계발인 방탄자기계발
선택한 자가

기회를 잡고
변화, 성장 한다!

나다운 인생으로 바꾸는
방탄자기계발 습관으로
바꾸고
싶다면

자기계발아마존에서 방탄자기계발
영상시청, 1:1 코칭이 답이다!

차별화가 아닌 초월 방탄자기계발 학습, 연습, 훈련

우주 최강 책임감!
'세계 최초' 150년 a/s, 피드백, 관리 시스템
인스턴트 인연이 아닌 손 뻗으면 닿는
몸, 머리, 마음 케어를 해주는 주치의가 되어 드립니다.

**강한 사람, 우수한 사람이 살아남는 게 아니다.
시대에 맞게 변화하는 사람만 살아남는다.**

강한 사람, 우수한 사람이 살아남는 게 아니다.
시대에 맞게 변화하는 사람만 살아남는다.

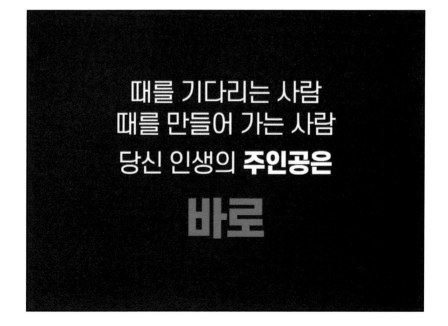

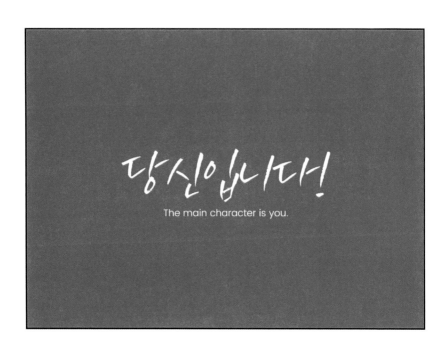

비교해라?
어제의 나와 끊임없이 비교해라

[어제의 나와 비:교]

비교는 사람의 자연스러운 심리다.
부정의 비교보다는 긍정의 비교로 어제보다 0.1% 학습, 연습, 훈련으로
어제보다 나은 사람이 된다.

출처: 방탄자기계발사전

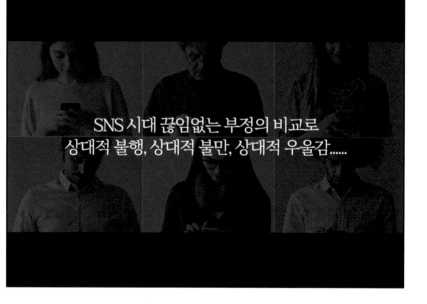

SNS 시대 끊임없는 부정의 비교로
상대적 불행, 상대적 불만, 상대적 우울감……

그래도 나는 괜찮은 사람인데....
잘하는 건 없지만 못하는 것도 없다는 태도로 사는데...

SNS 속 쇼윈도 행복을 보고
비교하는 나를 보면 자신, 내 분야 자존감, 자신감이 낮아진다...

그래서, 스스로 이런 말들을 되뇌인다

나도 저 사람만큼
열심히 하고 싶은데...

왜 저 사람만큼 못하는지
열등감, 자격지심이 올라온다...

난 행복할 수 있을까?
내 분야에서 잘 할 수 있을까?
이생마!
이번 생은 망했나?

그렇지 않습니다!

100년을 살아도
오늘은 누구나 처음
내일은 그 누구도 모릅니다!

살아온 날로
살아갈 날 단정 짓지 말자!

누구든지 처음부터

잘하는 사람은

없습니다

우리는 각자 자기만의

 있습니다

결승점에 빠르게 혹은

느리게 도착할 수도 있습니다

타인과 자신을

비교하지 않고

어제의 나와 비교하자

노력이 **배신하는 시대**

노오력이 아닌

올바른 노력으로

자기만의 **속도로**

천천히 그리고

꾸 준 히

나아가다 보면 원하는 지점에 도착할 수 있습니다!

토닥! 토닥!
힘내세요!
다시 해 봅시다!

잘하지 않아도 괜찮아!
부족하니까 사랑스럽지!
지금 잘하고 있는 거 알죠!

Google 자기계발아마존 🔍

자기계발아마존이 함께 하겠습니다!
150년 A/S, 피드백, 관리 시스템

출처, 참고서적

방탄자기계발 소개

『확신』 롭 무어, 다산북스, 2021

6장 방탄코칭

<강연남>

[네이버 지식백과] 만세절벽

JTBC <나의 해방일지>

자기계발코칭전문가 6

발 행 | 2022년 09월 07일

저 자 | 최보규

펴낸이 | 한건희

펴낸곳 | 주식회사 부크크

출판사등록 | 2014.07.15.(제2014-16호)

주 소 | 서울특별시 금천구 가산디지털1로 119 SK트윈타워 A동 305호

전 화 | 1670-8316

이메일 | info@bookk.co.kr

ISBN | 979-11-372-9438-7

www.bookk.co.kr